シリーズ「遺跡を学ぶ」
065

旧石器人の遊動と植民

恩原遺跡群

稲田孝司

新泉社

旧石器人の遊動と植民
—恩原遺跡群—

稲田孝司

【目次】

装　幀　新谷雅宣
本文図版　中原利絵

第1章　高原の旧石器人たち

1　なぜこんな高地に旧石器遺跡が

恩原高原

岡山県津山市から国道一七九号線を鳥取県倉吉市へむけて北上する。県境・人形峠の手前で東へ折れ、国道四八二号線沿いに谷を登りつめると視界がひらける。恩原《おんばら》高原である（図1）。かなりの高地だ。標高は七三〇メートル前後になる（図2）。高原の中央には、恩原貯水池（恩原湖）がある。発電のため一九二八年につくられた。氷ノ山後山那岐山《ひょうのせんうしろやまなぎさん》国定公園特別地域の一部で、冬にはスキー場がにぎわい、貯水池が凍って氷紋のみえることで知られる。

貯水池の周囲には平坦な舌状《ぜつじょう》の台地がはりだしている。渇水期になると貯水池の水が底をつき、北東から南西へ流れていた恩原川がもとの姿をあらわす（図3）。

恩原川は小さな流れとはいえ、吉井《よしい》川の源流である。当地から津山市、岡山市をへて、瀬戸

図１ ● **中国山地の中の恩原高原**
上：北からみた恩原貯水池と恩原遺跡群、下：恩原１遺跡から
北東方向の中国山地尾根筋をみる。左奥が三国山。

内海へそそぐ。恩原川の河床と湖岸の台地状平坦地との比高差は五〜八メートルほど。人間の暮らしで眺望と水を得るには、ほどよい高さである（図3）。

ここに恩原遺跡群がある。岡山・鳥取両県の県境をなす中国山地尾根筋から少し岡山県側へ下ったところで、以前は貯水池あたりの地名を岡山県苫田《とまた》郡上斎原村《かみさいばらそん》恩原山といったが、二〇〇六年の市町村合併でいまは同郡鏡野《かがみの》町上斎原恩原山となっている。

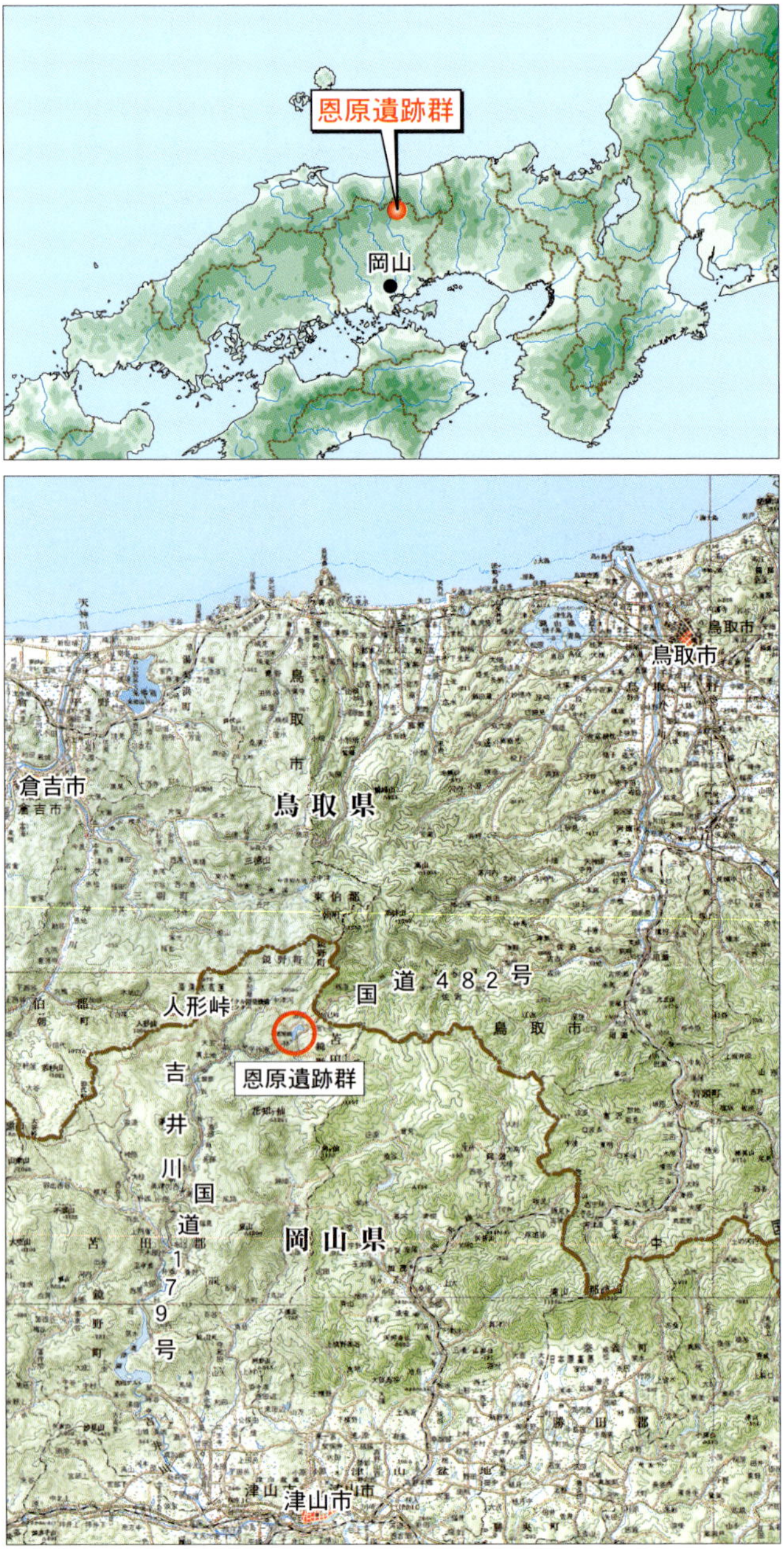

図2 ● 恩原周辺の地図

図3 ● 恩原1遺跡と恩原2遺跡
上・中：貯水時と渇水時の恩原1・2遺跡。
下：渇水時にはもとの恩原川が姿をあらわす。

遺跡群の発見

恩原高原に先史遺跡があることを最初に発見したのは、鳥取県倉吉市関金《せきがね》町在住の日野琢郎さんだった。一九八一年以来、水位が低下したおりに湖岸に洗い出された縄文時代の土器・石器類をたんねんに採集していた。

機会があってその資料をみせていただいたところ、そこに旧石器時代に特有なナイフ形石器がまじっていた。このことが、一九八三年の本格的な恩原遺跡群分布調査（図4）や翌八四年からの恩原1・2遺跡の発掘調査につながった。

恩原遺跡群には、いまのところ一〇カ所の遺跡が含まれる（図5）。恩原川沿いの舌状台地先端に位置するものが多い。恩原8遺跡は恩原川のやや上流にあり、貯水池から離れた地域にも遺跡分布がひろがる可能性を示している。

遺跡群のうち旧石器時代の遺物が発見されているのは、恩原1～3、7、9、10遺跡の計六カ所である。そのほかの縄文時代遺物採集地でも、発掘調査をすれば旧石器時代の包含層《ほうがんそう》はもっとふえるだろう。遺物が採集されていなくとも、地形からみて旧石器人が住みそうな地点はさらに多い。

高地の箱庭世界

夏の渇水時、恩原1遺跡に立ってみよう。南流してくる恩原川と東から流れてくる宮ヶ谷川《みやがたにがわ》との合流点を眼下におさめ、湖底の平坦地をへだてたむこうに、中国山地尾根筋の稜線が美作《みまさか》・伯《ほう》耆《き》・因幡《いなば》の結節点となる三国山《みくにやま》までつづくのを遠望することができる。

干上がった湖底が緑の草原となったときには、ナウマンゾウやオオツノシカといった旧石器時代に生息した大型動物がゆっくりと横断していても少しも不思議でなさそうな雄大さである。

図4 ● 恩原遺跡群分布調査（1983年）

遺跡の背後もなだらかな平坦地となって、カシワの純林がひろがる。

こういう景観だけをみていると、いかにも旧石器人が住みつきそうな土地だとわかる。だが、恩原高原はあくまでも深い谷でへだてられた山塊上の閉じられた世界、いわば箱庭世界である。大きな平野の段丘崖《だんきゅうがい》に連綿とつらなる旧石器遺跡群とは、立地がずいぶん異なる。

いまでも恩原高原の豪雪や凍結の厳しさは海岸近くの平野と相当な差があるのだから、旧石器時代の寒冷気候が支配的であったころには、おそらく旧石器人が冬季を生きぬくことはそうとう困難であったはずだ。

では、なぜこんな高い山地に旧石器時代の遺跡があるのか。

だれもがいだきそうなこの疑問に対しては、やはり人びとの暮らしぶりとその自然環境とのかかわりに鍵があったのだと答えざるを

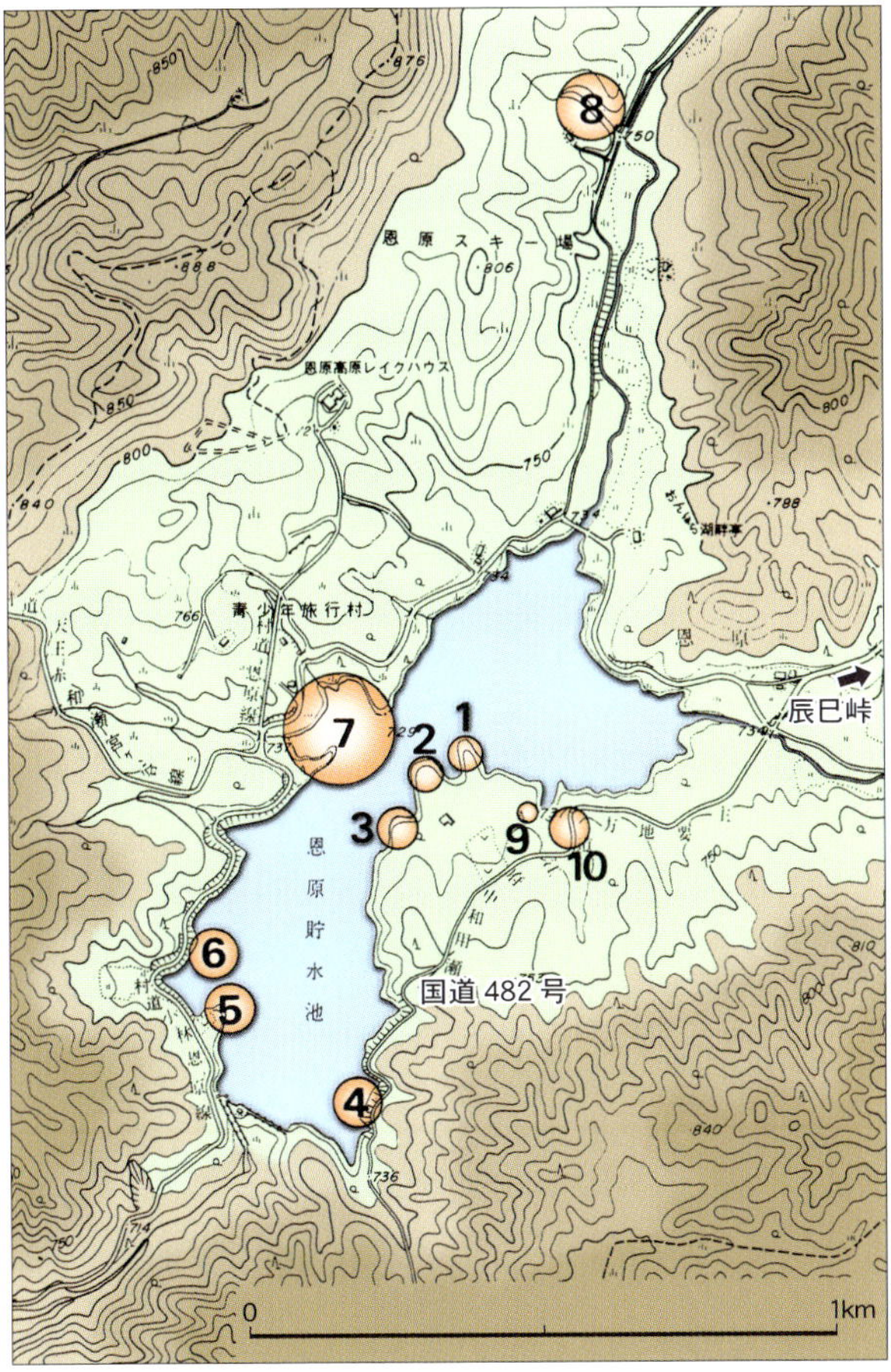

図5 ● 恩原遺跡群の分布
遺跡の多くは湖岸に立地する。

えない。

人びとが恩原高原で暮らす場合の箱庭的な安楽さと、その裏返しの過酷さ、といった局所的な環境はたしかに大切だ。しかし、旧石器人にとって重要なのは、もっと巨視的な自然環境だった。三〇〇キロ近くも東西にのびる中国山地の山並みと、それを開析して北と南へ流れ出る無数の河川でむすばれた世界。中国山地とその河川網の広い範囲を視野に入れることで、ようやく恩原遺跡群の立地の謎がとけてくる。

旧石器時代は移動生活を基本とする社会であったから、広く多面的な自然環境のなかに遺跡をおいてこそ、旧石器社会における恩原旧石器人たちの位置がわかろうというものである。

2　求めるのは生活の姿

磁北を基準とした一メートル方眼

恩原1・2遺跡の発掘調査は、一九八四年から九七年まで毎年夏におこなった。正確にいうと、一九八八年までは両遺跡を並行して発掘し、八九年からはもっぱら恩原1遺跡を調査した。

一四次にわたる調査は岡山大学文学部考古学研究室を主体とする恩原遺跡発掘調査団が進めたものだが、遺跡群発見者の日野さん、岡山県古代吉備文化財センターの故平井勝《まさる》さん、津山市教育委員会の安川豊史《とよし》さん、行田裕美《ゆきたひろみ》さんといった地元の研究者たちも随時参加・協力された。もとよりこの調査は学術目的であったから、土地所有者の中国電力株式会社津山電力所や地元の旧上斎原村教育員会から格別の配慮をいただいて発掘が実現したものである。

恩原1・2遺跡の発掘調査はだいたい幅二〜四メートル、長さ四〜一〇メートルほどのトレンチ（試掘溝）を設定しながら発掘面積をひろげていった。遺跡全体の様子をつかむために点在させたトレンチと、石器類が集中したところの隣を掘りひろげるトレンチとがしだいに混在してくる。トレンチを任意の位置や方向で設定したり、トレンチ単位で調査成果を記録していたのでは、発掘面積がふえてくると隣接地どうしの調査記録のつきあわせがむずかしくなる。もちろんトレンチは毎年埋めもどすから、翌年にみることはできない。そんなことを予想し、恩原1遺跡と恩原2遺跡では、最初から長期戦略をとった。

まず、磁北を基準にした一メートル方眼を台地上全域に想定し、トレンチの設定場所から石器の出土位置の記録まで、たいていの作業を一メートル方眼の単位にあわせておこなうこととした（図7）。

方眼のラインには、北から南へ数字を、西から東へアルファベットをそれぞれ二桁でわりふった。そして、南北線と東西線の交点の南東側一メートル四方を、たとえばBR18区、CD21区などと呼称する。ゼロとAに近い記号をもつライン・区ほど、遺跡

図6●恩原2遺跡の調査（1986年）

地の北西寄りにあることがわかる仕組みだ。北西優位の原則である。この区名は、やはり位置関係がわかりやすいように、後述する石器ブロックや砂礫堆の表示記号にも使った。

恩原1・2遺跡では、総計一万点あまりの石器類（石器や石屑《いしくず》としての剝片《はくへん》など）が出土した。それら一点ずつの平面位置とレベル（高さ）を、一区ごとに二〇センチ四方の方眼紙に記録する。つまり五分の一縮尺で出土状態を実測するのである。一区・一地層（一文化層）ごとに一枚の図面をつくるのが基本で、石器が密集していたり文化層がふえれば、その区の図面枚数をふやせばよい。

方眼を区切った発掘調査や記録法は、大学の調査でも行政機関の調査でもたいていおこなわれているのだが、対象遺跡の時代や遺構・遺物のあり方にあわせ、方眼単位を大きくしたり簡便な省略法がとられることが多い。恩原ではこのシステムを愚直に守ったおかげで、調査成果の整理にずいぶん効果があった。

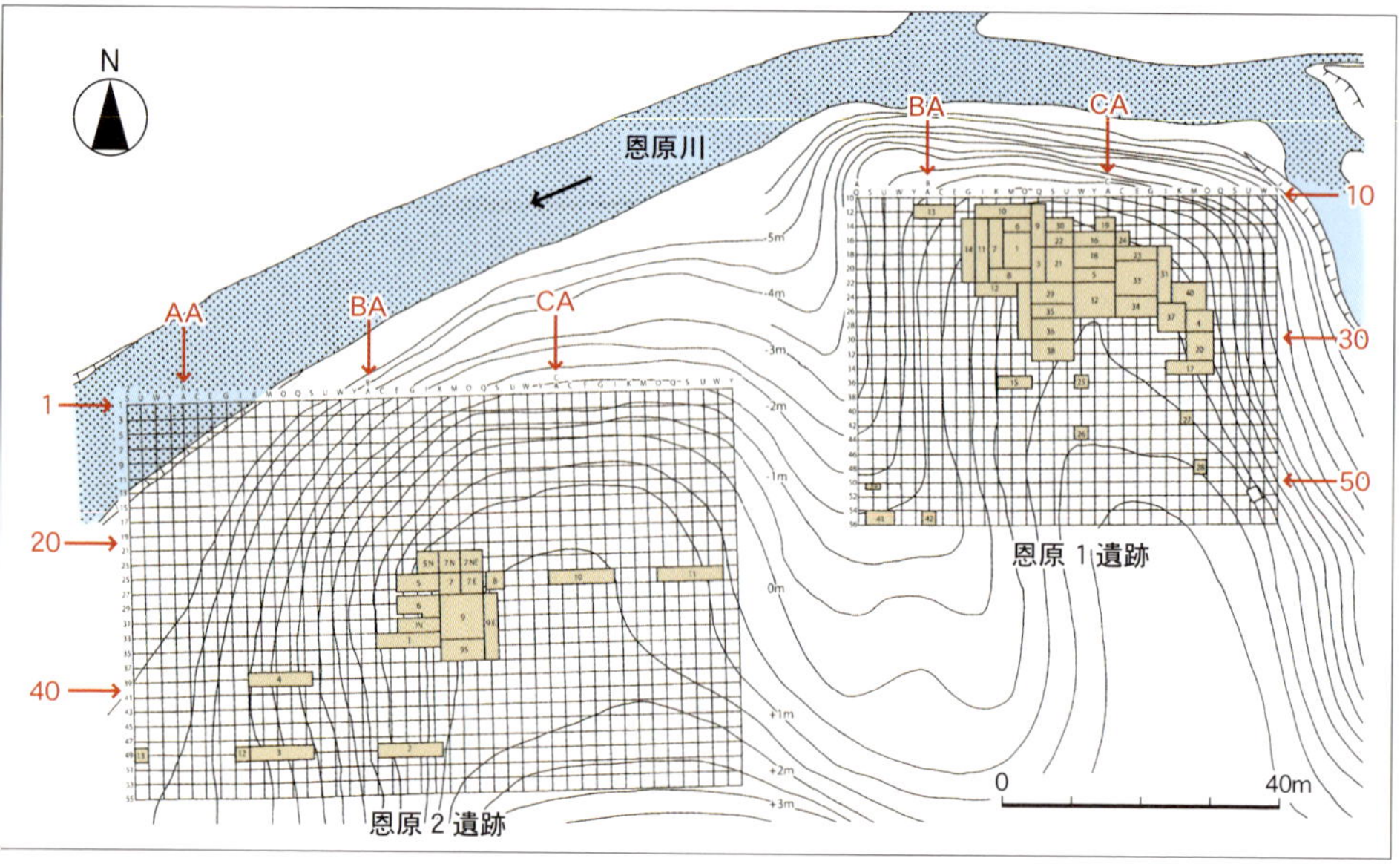

図7 ● 恩原1・2遺跡の発掘調査
1m四方のグリッドを単位にして発掘を進めた。

生活復原をめざす

一メートル方眼を単位とする調査法は、一九六〇年代から始まったフランスのパンスヴァン遺跡の発掘調査などが著名だ。ヨーロッパの洞窟遺跡発掘現場へ行けば、天井に針金で方眼を組んでその交点からおもりを垂らし、地層をいくら掘りさげても方眼位置を正確に保つ工夫がなされている。一メートル四方に掘りさげ用具と記録用具が一式、掘りあげた土を入れるバケツ一個が準備されて、そこに調査員一人がはりつく。こうなると、調査員までが方眼に組み込まれることになる。個人主義のお国柄かと感心はするが、恩原ではそこまでしなかった。一メートルをこえる大きさの遺構などについてはもちろん合成図をつくり、一つの遺構として必要な断面図などを描きくわえた。

ヨーロッパの旧石器時代遺跡の調査法は、二〇世紀の前半までと後半以降とで大きく変わる。前半までは、細いトレンチで遺物堆積層の断面を露出させ、地層の違いと重なりでそこに含まれる遺物の新旧関係を見分けることが主眼であった。つまり、石器の型式的な区分とその区分に時間的な順序を与える編年研究が発掘調査の目的であった。

これに対し、二〇世紀後半を代表するパンスヴァン遺跡の発掘調査において、A・ルロワ＝グーランは民族誌的な研究をめざした。旧石器時代の民族誌、つまり旧石器人の生活復原を目的とした。そのため、地層を薄く剝ぎとるように削って微細な石片や骨片をすべて露出させ、記録した。編年研究にとって砕片《さいへん》（長さ一センチ未満の剝片）などはほとんど注目されないが、パンスヴァンでは石屑の分布や石屑のない空閑地さえも、旧石器人の生活で意味ある場所として扱った。日本でも、一九七〇年前後から、しだいに生活内容の研究を重視する調査が目立ちはじめた。

発掘調査の方法は、決まりきった手順ではないし、たんなる調査技術の問題でもない。時代の学問的な課題と深く結びついている。恩原1・2遺跡の発掘調査は、良好な地層堆積によって中国地方の石器編年研究にとって最良の遺跡の一つであるとはいえ、わたしたちの調査の主眼はあくまでも旧石器人の行動や生活の姿を探究することにあった。

3 恩原遺跡群の文化層

恩原高原がなだらかな地形にみえる一つの理由は、地表近くが厚さ数メートルの火山灰層におおわれているためだ。恩原高原の西約四〇キロに大山《だいせん》がある。旧石器時代に大山が断続的に噴火し、その火山灰が偏西風にのって恩原高原へ運ばれた。大山火山灰がつぎつぎに堆積したため、それら堆積層の間にはもっと西の九州からとんできた火山灰も挟まれることになった。

恩原1・2遺跡で旧石器人の生活跡がよくのこったのは、火山灰層のおかげだ。地表の黒ボク層下部は縄文時代文化層で、土器や集石遺構などがみられる。それより下位一メートルたらずの深さに、恩原1遺跡では四枚の、恩原2遺跡では三枚の旧石器時代文化層が含まれる。両遺跡の地層と文化層(考古資料を含む地層)は、上層から下層へ、つまり新しい地層から古い地層へ歴史をさかのぼるとつぎのようになる(図8)。

M文化層

M文化層は、黒ボク（第1層）と黄褐色のソフトローム層（第3層）との中間にある漸移層《ぜんいそう》（第2層）がおもな包含層である。旧石器時代最末期の細石刃《さいせきじん》文化に属する石器群なので、細石刃＝マイクロブレイドのMを文化層名とした。年代は一万八〇〇〇年前から一万六〇〇〇年前ごろだろう。以下も同じだが、年代は恩原遺跡群あるいは関連遺跡の放射性炭素年代（較正《こうせい》年代）や火山灰層序《そうじょ》、石器の型式的な比較などから推定した、あくまでも現時点での見込みの年代である。

S文化層

S文化層は、風化火山灰土壌であるソフトローム層をおもな包含層とするのでS文化層とよんだ。ナイフ形石器文化に属する。

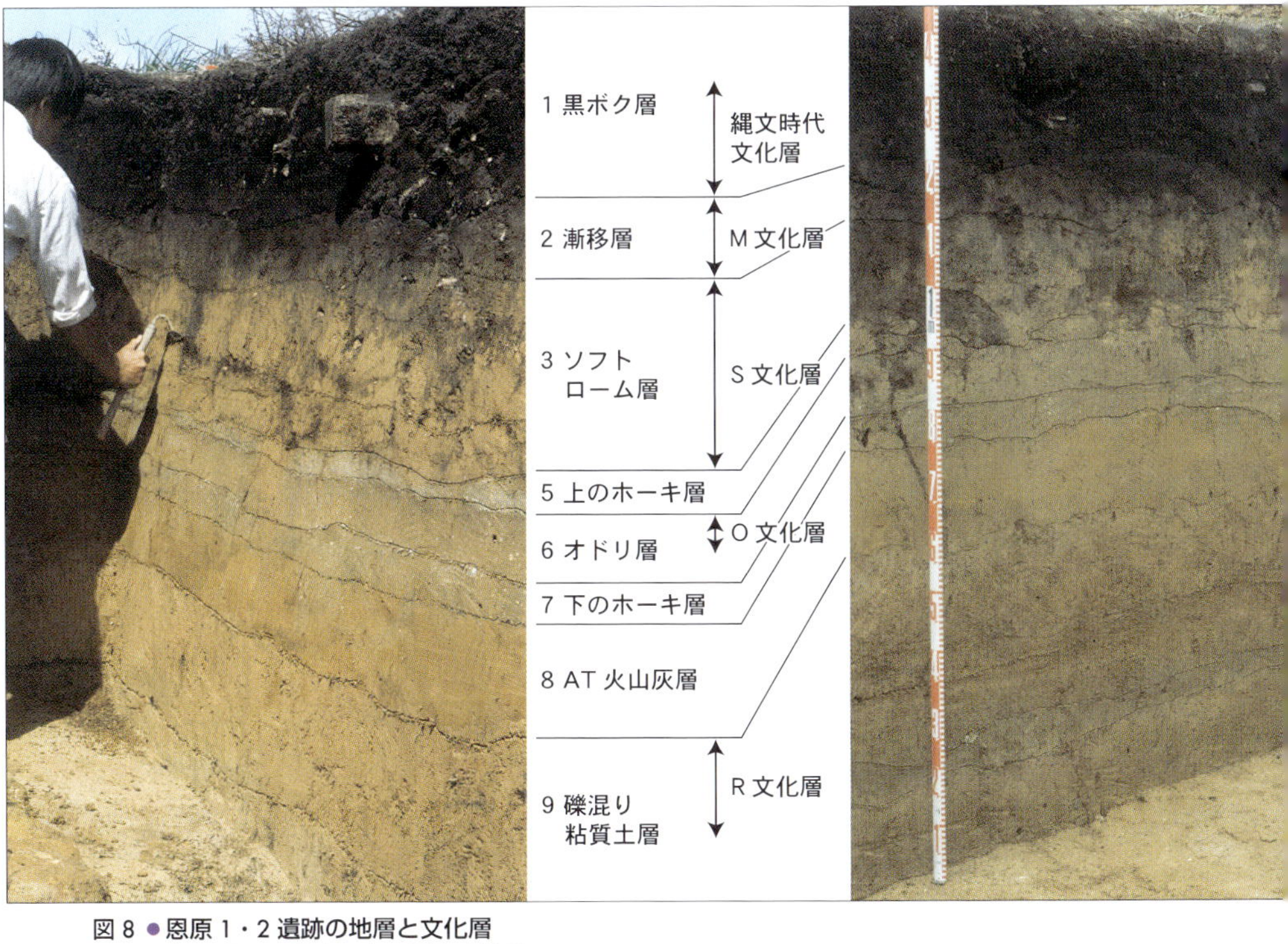

図8 ● 恩原1・2遺跡の地層と文化層
左：恩原2遺跡、右：恩原1遺跡。

二万五〇〇〇年前から二万年前ごろの、ある一時期の生活跡らしい。漸移層・ソフトローム層までは地表から樹木の根が入りこみ、かなり地層を乱している。

O文化層

O文化層は、オドリ層（第6層）の上部に石器類を含むので、「オー」を文化層名とした。オドリ層は上のホーキ層（第5層）と下のホーキ層（第7層）とともに火砕流堆積物とされる。大山付近では厚く堆積したこれらの層がはげしく波打ち、崖面では箒《ほうき》の掃《は》きあとのような縞模様を描くので、火山灰研究者がオドリやホーキといった呼び名をつけた（図9）。上下のホーキ層が火山砂で硬くしまっているため、オドリ文化層の保存状態はすこぶる良好である。O文化層もナイフ形石器文化に

図9 ● 大山と火砕流堆積物
上：冠雪した大山。下：上のホーキ層は大山付近で1mほどの厚さになる。

属し、恩原1遺跡では約二万七〇〇〇年前ごろの短期の居住跡であった。恩原2遺跡では、まだこの文化層がみつかっていない。

R文化層

R文化層は、淡橙色《たんとうしょく》の礫《れき》混じり粘質土層（第9層）の上部二〇センチに石器類を含む。この地層は風化火山灰土壌だが、わずかに花崗岩《かこうがん》の風化鉱物を含むので礫混じりとし、礫の「れ」を文化層名に利用した。本層の直上には、鹿児島県姶良《あいら》カルデラ起源で厚さ約一五センチのAT火山灰層（第8層）が堆積する。R文化層は三万三〇〇〇年前から二万八〇〇〇年前ごろのナイフ形石器文化初頭の文化に属するが、第2章ではこの文化層が二時期に分かれるのではないかという問題をとりあげる。

第9層以下では、まだ人工遺物を発見していないが、赤味噌のような色調の大山《だいせん》生竹《なまたけ》軽石層《かるいしそう》などが厚く堆積し（図10）、火山灰層の最下部には約九万年前の阿蘇4火山灰も含まれる。火山灰層の下には水成の砂礫層がつづく。

図10 ● 恩原1遺跡の深掘りトレンチ
下方に赤味噌のような色の大山生竹軽石層がみえる（第2トレンチ）。

第2章　環状の集落に暮らす人びと

1　暮らしの証拠の数々

多彩な生活痕跡

恩原1遺跡で考古資料がもっとも豊富なのは、R文化層である。厚いAT火山灰層でおおわれているので、上の層との区分が明白で、文化層の内容を純粋にとらえることができる。恩原2遺跡のR文化層では石器類が少数だったので、ナイフ形石器のような明確な器種を多数含む恩原1遺跡の調査に期待がかかった。

まずここでR文化層全体の内容を紹介しておこう（図11）。

恩原1遺跡R文化層の遺構は、石組炉《いしぐみろ》一基のみだ（図12）。石組炉は、南東へ開口するように礫一〇個を半円形に並べている。粗粒安山岩《そりゅうあんざんがん》の円礫《えんれき》八個と、花崗岩の角礫《かくれき》二個である。焚き口の幅は、礫外側の最大径で四二センチ。半円形の内側には、扁平な安山岩の円礫が周囲からずれ落ちたように重なっていたので、石組は二段か三段に積みあげたものであったらしい。

崩れた礫をはずしてみると、その下には炭化物のかなり大きな塊がみえた。床面は暗灰色で、赤く焼けた土はみあたらない。しかし、炉壁となる礫は熱で赤化し、石組の内外には細かな炭化物粒が多量に分布するので、この石組が炉跡であることはまちがいない。石組炉内外の炭化物は、のちの林昭三氏の分析によればすべてスギ材ということであった。

行動軌跡というとらえ方

恩原1遺跡R文化層には、遺構のほかに行動軌跡が多数ある。「遺構」というのは、土地につくりつけた構造物で、日常用語でいえば不動産にあたる。これに対し「行動

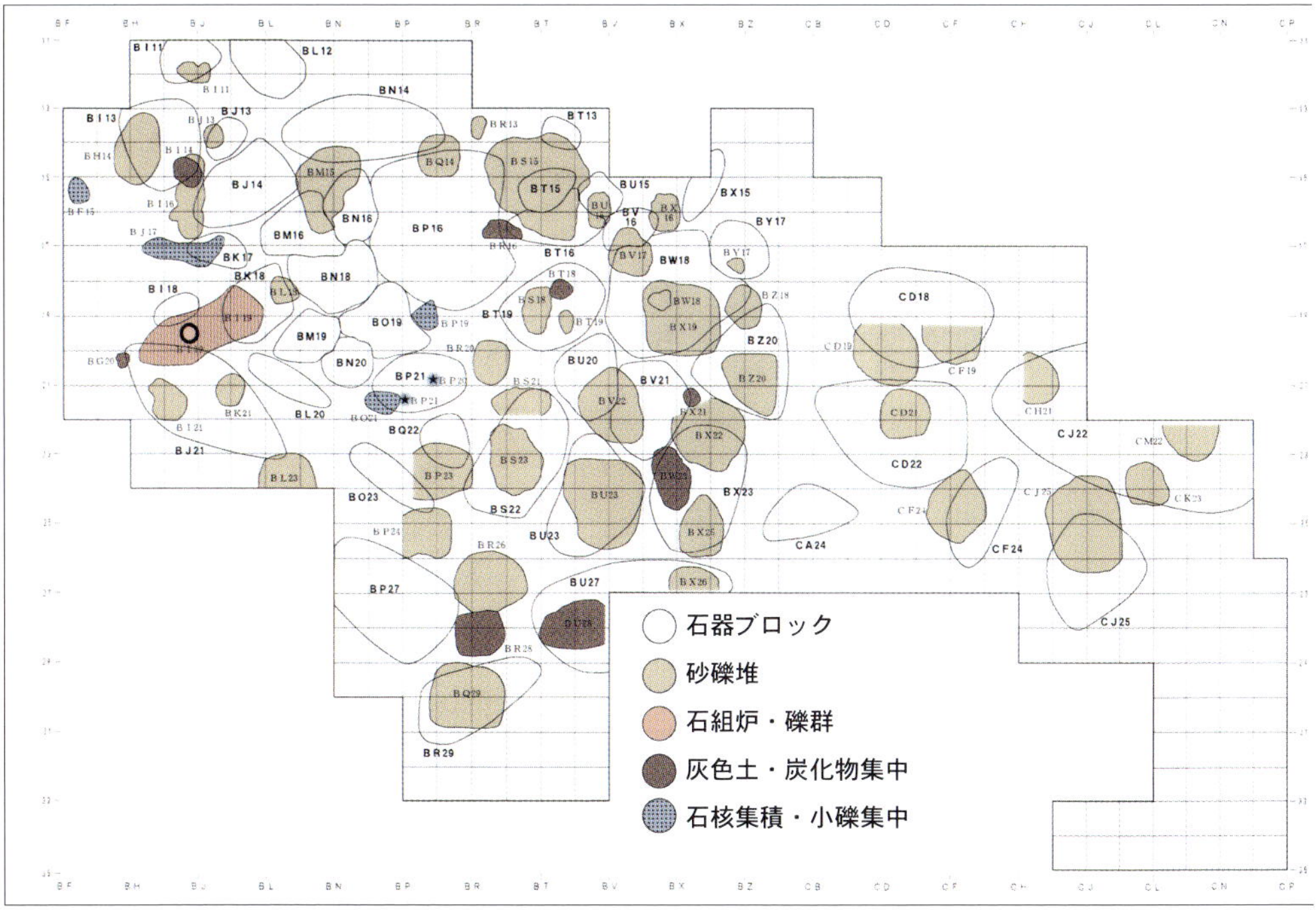

図11 ● 恩原1遺跡R文化層の遺構と行動軌跡
R文化層では5255点の石器類が45カ所の石器ブロックにまとまり、ほかに石組炉1、砂礫堆42、灰色土7など多数の遺構・行動軌跡がみられた。

軌跡」というのは、土地に意図的につくりつけた施設ではないが、人間の行動の結果として、遺物や自然石などが生活の場で特有の形態をあらわすものをさす。

（遺物の）移動軌跡と名づけてもよいし、たんに軌跡とよんでもよい。ただキセキといえば、イセキと音が似てまぎらわしいから、四文字表現でよぶのである。これまでの考古学・埋蔵文化財の報告書では、行動軌跡をたいてい遺構や遺跡の記載項目に含めてきたのだが、恩原1遺跡の報告書ではじめて独立した項目を立ててみた。

恩原1遺跡R文化層の行動軌跡をあげると、石器ブロック四五カ所、礫群《れきぐん》一カ所、炭化物集中一カ所、灰色土七カ所、砂礫堆《されきたい》四二カ所、小礫《しょうれき》集中四カ所、石核《せっかく》集積二カ所、石器接合資料六五カ所、礫接合資料四四カ所となる。種類も数も、ずいぶん多い。それが一カ所の遺構に含めることがためらわれる理由の一つではあるのだが、ただ報告書への記載の都合だけでわざわざ行動軌跡という用語を用いたわけではない。

行動軌跡は縄文時代以後の考古資料にも普通にみられる現象であり、遺構（不動産）・遺物（動産）の間をつなぐ第三の考古学的証拠として位置づけることにより、行動軌跡のもつ歴史的な意味合いをもっと深く考えてみようという試みなのである。そのことについては最終章でま

図 12 ● 石組炉
礫を半円形に並べ、南東へ開口する。最大径42cm で、礫は赤化している。崩れた石の下にはスギ材の大型炭化物があった。

とめてふれるが、ここではまず、恩原1遺跡R文化層の行動軌跡の内容を具体的にみておこう。

石器ブロック・礫群・炭化物集中・灰色土

これらのうち石器ブロック・礫群・炭化物集中は、日本列島の旧石器時代遺跡ではもっともひろくみられる行動軌跡である。石器ブロックは、製品としての石器や剝片・砕片（長さ一センチ未満の剝片）が長径二、三メートルから数メートルほどの範囲に分布したもの。

恩原1遺跡R文化層の石器ブロック四五カ所は、石器類の密集部を中心とし、その周囲の点在資料をひとまとめにして線引きしたものである。点在資料をまとめただけの場合もある。石器ブロックは、ほかの遺跡では人間が短期間居住してのこしていった石器製作跡と理解できる場合が多いのだが、R文化層では同じブロックの石器どうしの間にもかなりレベル（高低）差があって、単一時期かどうかが問題になる。

礫群は拳大の焼けた礫のまとまりで、石蒸し調理に用いたのではないかと推定されている。R文化層の礫群は、その構成礫が石組炉に転用されたらしく、ひとまとまりの分布にな

図13 ● **石組炉と礫群**
石組炉（左手前）は礫群の礫を一部転用したらしく、
焼けた礫群の礫は散在状態となっていた。

らず細長い範囲に分散する（図13）。

炭化物集中は細かい炭粒のまとまりで、地面で焚き火をした痕跡らしい。灰色土というのは、炭化物を含むほか、土壌自体が暗灰色に変色した場合をさし、焚き火跡の可能性がよりたかい（図14）。

R文化層に特徴的な砂礫堆・小礫集中

砂礫堆・小礫集中は、恩原1遺跡R文化層に特有の行動軌跡である。砂礫堆については、一九八四年にR文化層で最初に発見し、八九年以来、学界で簡単ながら報告してきたが、いまだに確実な類例がほかの遺跡でみつからない。四二カ所の砂礫堆がR文化層を特徴づけるので、ややくわしく説明しておきたい。

砂礫堆の特徴をまとめるとつぎの六点となる。

①砂礫堆は、第9層の粘質土壌のなかに砂礫が薄く水平堆積したもので、つねに炭化物粒を含み、しばしば石器類をまじえ、ときには配《はい》

図14 ●灰色土

炭化物が集中し土が暗灰色に変色したものを灰色土とよんだ。BX21灰色土（左）は焼けた石刃と配石を、BW23灰色土（右上）は大粒の炭化物を、BR28灰色土（右下）は焼けた接合礫をそれぞれ含む。

石《せき》（長径一〇～二〇センチほどの扁平な大礫）をともなう（図15～18）。

②砂礫は、砂と長径二センチ前後以下の礫からなる（図16・17）。恩原川の河床ですくいとったような砂利だ。これを多少なりとも含むのが砂礫堆の条件である。砂礫堆には、こうした砂礫とは別に、長径二センチ前後から六、七センチほどの小礫が含まれる。正確にいうと、小礫を多く含む場合、わずかに含む場合、ほとんど含まない場合がある。逆に、砂礫を含まず、小礫のみがまとまっている場合がある。これについては砂礫を含まないので砂礫堆とは区別し、小礫集中という別の用語をあてた（図19）。

③砂礫堆の炭化物はたいてい一、二ミリの細粒だが、まれに数センチほどの大きさの場合もある。重なった小礫の下などには炭化物が多くのこる。

つづいて砂礫堆の規模・構造である。

④砂礫堆の平均的な大きさは、平面規模が長径一～二メートル、厚さ一〇～二〇センチで、断面形はレンズ状をなしている。

⑤砂礫堆の内部は、中心部ほど砂礫の密度が濃く、外側へしだいに薄くなるのが一般的な傾向だ。移植ゴテで滑ら

図 15 ● **砂礫堆の調査**
第９層の粘質土を上面から掘り下げ、砂利の感触があった面を横に掘りひろげると、土饅頭形の砂礫堆上面があらわれる。断面は砂礫集中部を中心としたレンズ状になる（BX16 砂礫堆）。

かに削れないほど砂礫を多く含む部分を砂礫密集部、肉眼と移植ゴテでかなり明瞭に砂礫を識別できるところを砂礫集中部、もっとも外側にあって移植ゴテの感触と炭化物の分布でおよその輪郭を描ける範囲を砂礫希薄部（周縁部）とよんでいる。砂礫密集部は、かたよった位置にある場合や、存在しない場合もある。

砂礫堆の用途はどうか。

⑥用途は残念ながらまだはっきりしない。しかし、石

図 17 ● 砂礫堆の検出過程
BL23 砂礫堆を北からみたもの。砂礫堆を半截すると砂礫密集部と小礫があらわれ（上・中）、最後にレンズ状堆積の下面を確認する（下）。

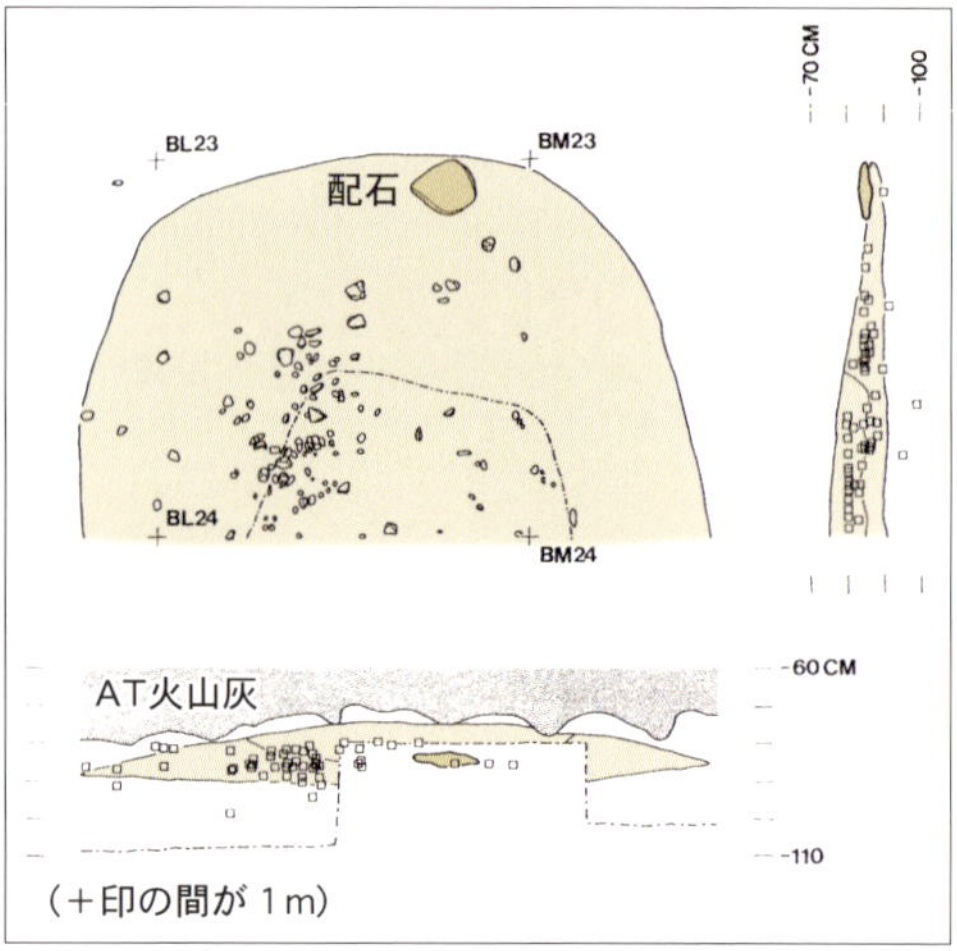

図 16 ● 砂礫堆の平面図
BL23 砂礫堆の平面図（北半分のみ）で、実線は砂礫堆の外縁を、一点鎖線は砂礫密集部をそれぞれあらわす。小礫（長径 2 〜 7cm 前後）は中心より西側に多い。北縁に配石が 1 つある。

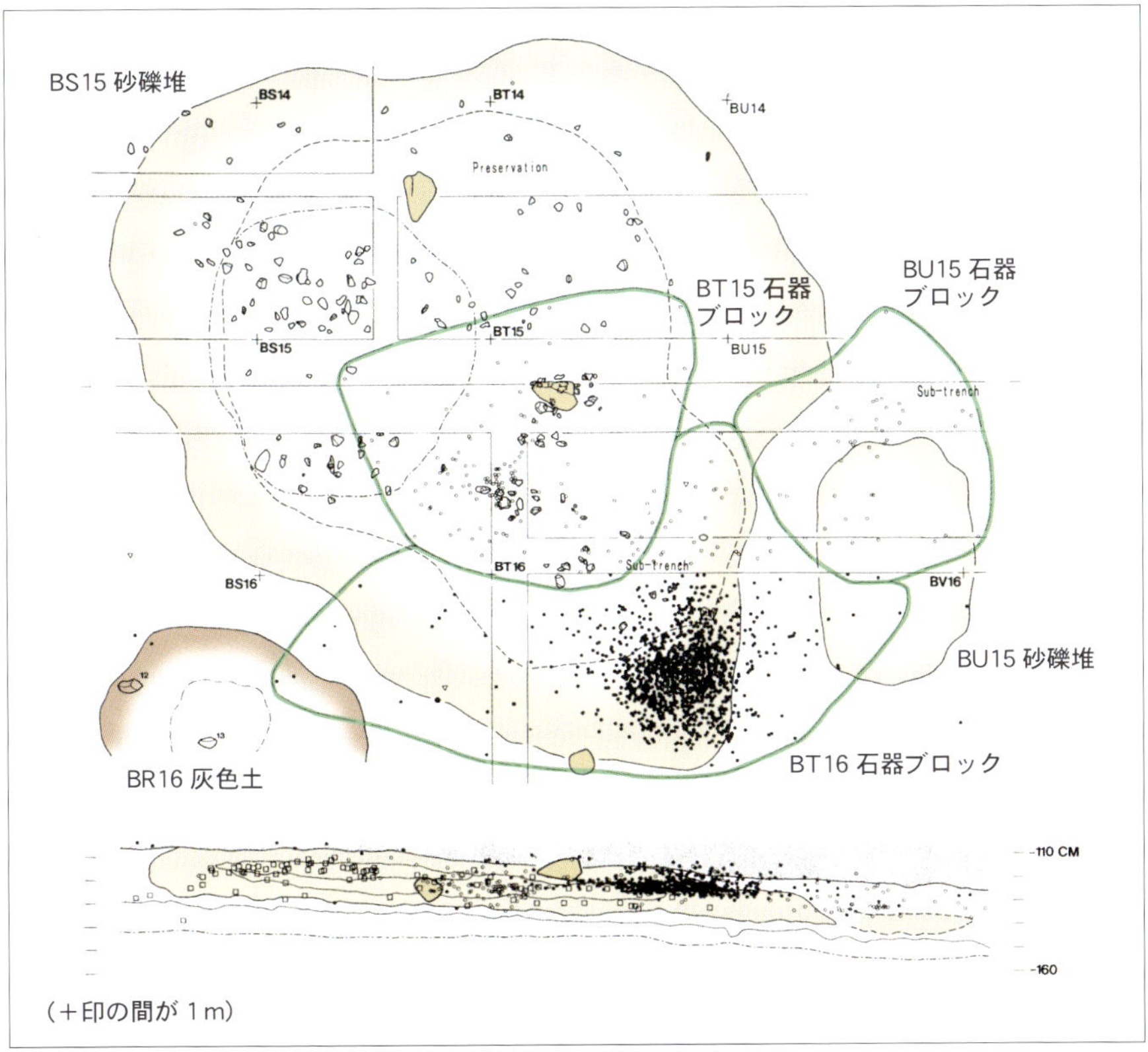

図 18 ●砂礫堆と石器ブロックの重なり
最初に東側の小さな BU15 砂礫堆がのこされ、ついで長径 3.5m で最大規模の BS15 砂礫堆と BT15・BT16・BU15 の 3 石器ブロックが形成され、最後に第 9 層上面で BR16 灰色土がのこされた（上）。下の写真で BS15 砂礫堆の砂礫密集部の状況がよくわかる。

器類を含む場合があるので、人間の産物であることは確かだ。小礫が時として赤化しているので、礫群と同じく石蒸し調理に使われたのかもしれない。しかし、微細な砂礫をなぜともなうのかが不明だ。住居とのかかわりも検討すべきだが、柱穴のようなものはみられない。いずれにせよ砂礫堆はつねに炭化物を含むので、火と密接に関係しながら用いられた可能性がたかい。

石核集積・石器接合資料・礫接合資料

石核集積は、石核用の粗割礫や多少の剝離痕をもつ石核数個をまとめて置いたもので、水晶五点（図20）と水晶二点の例がある。

恩原高原の周辺は、水晶谷という地名があることからも知られるように、水晶をいくらか産する。水晶塊を採集し、これからの石器づくりのために石核を保管していた場所である。なお、恩原1・2遺跡で水晶とよぶ石材には、結晶面をもつ水晶のほか、不規則な破砕面をもつ石英《せきえい》脈岩《みゃくがん》を含めている。両者は本来一連の産状にあって、破片ではどちらかを見分けることがむずかしい場合が多いからである。

石器接合資料は、同じ原石（石核）から剝離された石器類どうしが接合した資料のことであ

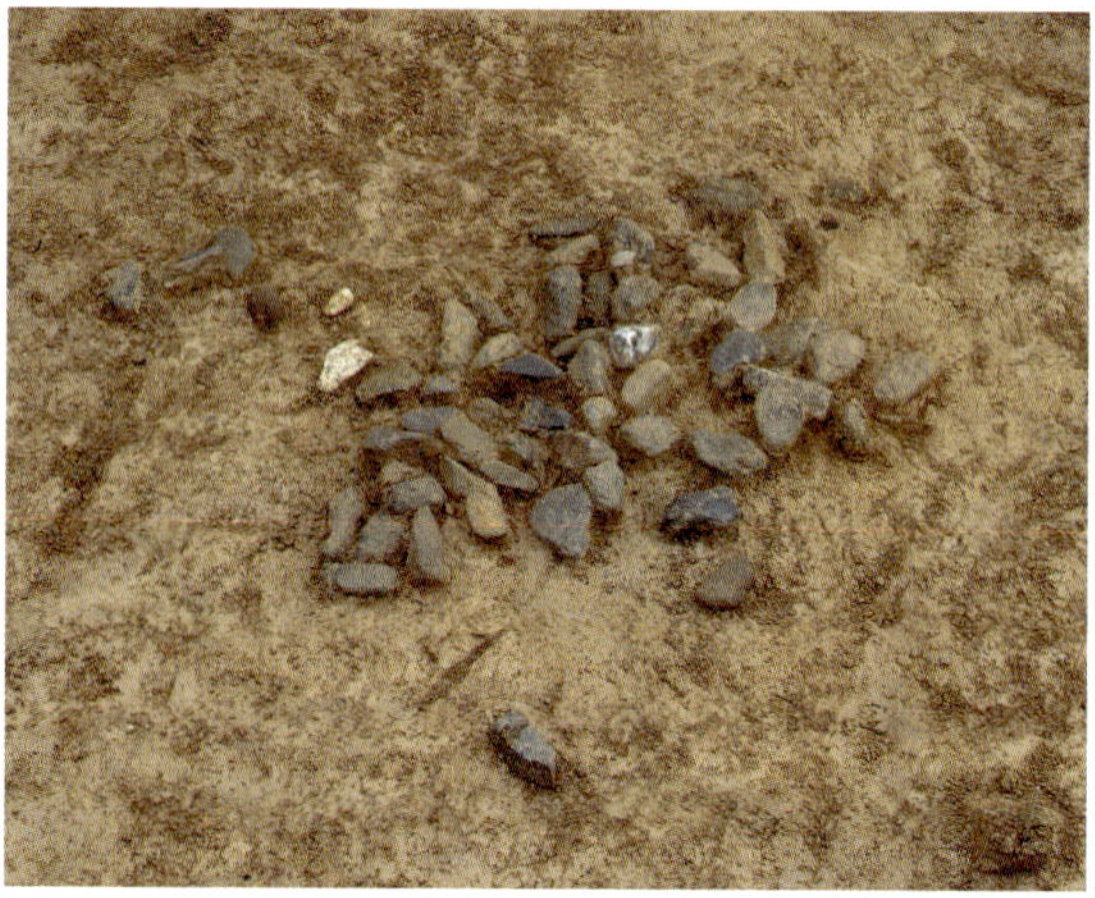

図19 ● **小礫集中**
砂礫を含まず、長径2〜7cmほどの小礫のみのまとまりを小礫集中と名づけた。安山岩、花崗岩、ホルンフェルス等の川原石からなる。

る。礫接合資料は、割れた礫どうしが接合するものだが、意図的な破砕のほかに、被熱等による破砕もある。こうした接合資料については、発掘現場でみえる礫群や石器ブロックとは少し性質が異なるのではないか、考古資料というより分析結果ではないか、といった意見が出そうである。

たしかに接合資料の存在は、発掘現場で確認されることはごくまれで、遺物の洗浄後、粘りづよい接合作業を試みてようやく発見にいたる。しかし、じつは石器ブロックでも、発掘現場で範囲を確定できない場合がしばしばある。すべての石器位置を平面図に落として、ようやくブロックの線引きができる。発掘現場で「形」がみえるかどうかは、行動軌跡にとってさして重要な問題ではない。

むしろ長い距離で接合した石器類を含む資料ほど、人間の行動を復原するには貴重なのだ。たとえば直接の重複関係がないので時期の前後関係がよくつかめない石器ブロックどうしを、石器接合資料により同時と判定することができる。また時には、二キロも離れた遺跡の間で石器類が接合し、遺跡地から遺跡地へと遊動する旧石器人の移動経路が明らかにされた例もある。

恩原1遺跡と2遺跡は類似した文化層を含むので、同じ文

図20 ● 石核集積
BP21石核集積では2点の水晶石核と3点の水晶粗割礫がまとまっておかれていた。皮袋に入れられていたのかもしれない。

化層どうしの石器類が接合しないかとずいぶん気にしてきた。しかし残念ながら、いまのところそうした接合資料に恵まれていない。したがって、両遺跡の同一文化層は、一〇〇年、一〇〇〇年単位の時間幅のなかでは同一時期といえても、実際の生活時期としては時間差があったようだ。

砂川型石刃技法によるナイフ形石器

R文化層からは石器が五二五五点出土した。R文化層旧石器人の石器には、いちじるしい特徴がある。中・四国地方ではめずらしく、石刃《せきじん》を素材としたナイフ形石器が石器群の主体となっており、その石刃をつくる技術が関東地方で発達した砂川《すながわ》型石刃技法とそっくりであるからだ（図21）。

石刃というのは、長さ五～一〇センチ前後の薄い柳葉形《りゅうようけい》の剝片で、正しくは長さが幅の二倍以上になる剝片をさす。石刃技法というのは、一つの石核から石刃を連続して剝離する技術で、アフリカやユーラシア大陸の後期旧石器時代のもっとも基本的な目印となっている。日本列島の後期旧石器時代文化もシベリア経由で入ってきたらしく、同じ特徴をもつ。

砂川型石刃技法というのは、石核の上下に打面《だめん》をつくり（対向打面）、石刃剝離が進んで剝離角度が鈍角になってくると打面を鋭角に再生する（打面再生）のが特色だ。埼玉県砂川遺跡の資料で命名された。武蔵野台地では立川ローム第Ⅵ層より上位に含まれ、AT火山灰が降下する直前からひろく発達したことが知られている。AT火山灰層直下の恩原1遺跡R文化層と時期がよく一致する。

恩原の発掘がはじまったころは、中国地方はおしなべてサヌカイトを用いた横長剥片素材のナイフ形石器が優勢な地域とみなされる傾向がつよかった。恩原1遺跡R文化層の資料などで

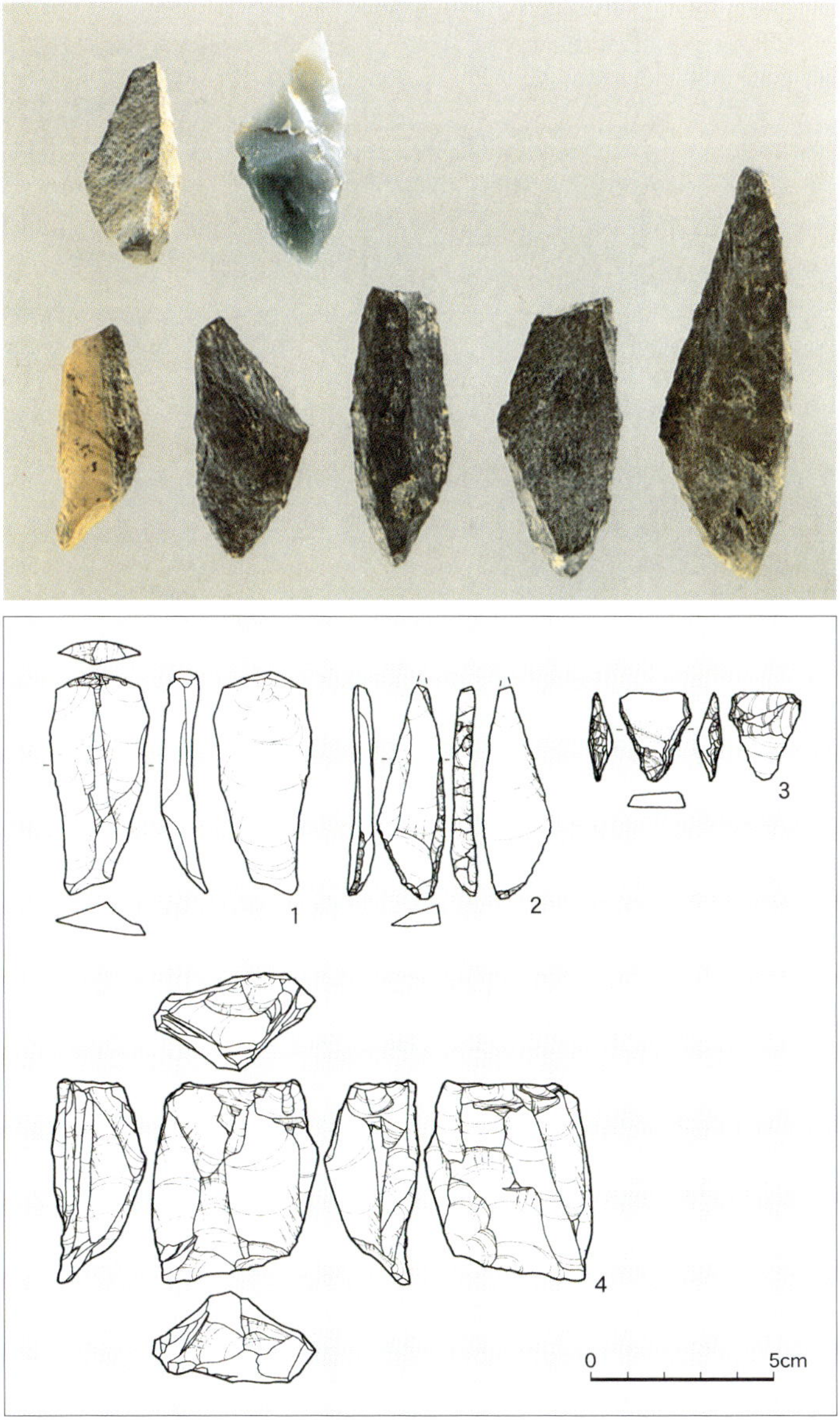

図 21 ● 恩原 1 遺跡 R 文化層の石器

上：すべてナイフ形石器で、上列右がチャート製、下列左端が玉髄製で、他は安山岩製。下列右端のような細長いものがこの時期の典型例。
下：石刃（1）とそれを製作した石核（4）、石刃素材のナイフ形石器（2）が一連の石器であり、台形石器（3）は製作技術が異なる。

ようやく山陰地方・中国山地にも、一時期、石刃技法と石刃素材ナイフ形石器がさかえたことが明らかになってきた。

台形石器の存在

ところで、R文化層のナイフ形石器や石刃の大部分は安山岩や玉髄《ぎょくずい》でつくっている。しかし安山岩の総点数は五三九点、玉髄は二〇五点にすぎず、R文化層全体では四三一八点の水晶が圧倒的な多数を占める。ナイフ形石器や石刃だけがかならずしもR文化層を代表する石器とはいえないのである。

R文化層には台形《だいけい》石器が四点含まれる（図21）。台形石器というのは、本州ではむしろ後期旧石器時代の初頭、三万年前以前の石器群に特徴的な器種だ。台形石器四点のうち二点は水晶製で、ほかは安山岩と黒曜石《こくようせき》が各一点である。ナイフ形石器二二点にくらべると、台形石器の四点はいかにも少数だが、石刃技法の石器群とは明らかに異質だ。異質さがきわだつので、わずか四点といっても台形石器の存在する意味は重い。

2　出土状況の謎

R文化層には複数の文化層があったのでは

以上のように、恩原1遺跡R文化層は多彩な生活痕跡を示してくれた。しかし、調査が進むにつれて、ちょっと待てよ、という戸惑いが出てきた。たしかにＡＴ層より上位の文化層との区分は明白だ。それははっきりしているのだが、Ｒ文化層の考古資料が多数となって遺構や遺物が変化にとんでくると、こんどはＡＴ火山灰降下期以前に複数の文化層があったのではないか、という疑問がうかんできたのだ。

Ｒ文化層にはＡＴ火山灰降下期以前の複数石器群が含まれているのではないか、と疑う根拠の一つが石器にあった。石刃素材ナイフ形石器と台形石器との間で、新旧二つの文化が区分できそうだということはわかった。しかし、型式学的に見分けのできる数十点を区分しても、文化層を分けたことにはならない。五〇〇〇点以上の石器類をどのように細分するのか。大きな壁がたちはだかる。

資料がふえれば、それだけ問題は複雑になる。一四次にわたる調査の後半は、文化層の分離にかんする明解な手がかりが得られず、単一文化層と重複文化層のあいだで解釈のゆれうごくことがままあった。

そして、Ｒ文化層をＲ上層文化層とＲ下層文化層の二つに細分できる見通しがたったのは、発掘調査に区切りをつけ、調査資料の整理を進めた後のことであった。

行動軌跡の二つの深さ

Ｒ文化層を細分すべきもう一つの根拠は、発掘現場における遺構・行動軌跡の検出層位にあった。キナコ色の厚いＡＴ火山灰層を掘りあげ、その下の第９層上面の発掘にとりかかってまずみつかったのは、石組炉、灰色土、炭化物集中であった。石組炉の礫はなかばＡＴ火山灰の下面に突き出ていた。検出面が第９層の上面とそれから深さ五センチほどの間にあるから、第９層のなかではいちばん新しい生活痕跡といえる。このことは発掘の回を重ねるたびに証拠がふえ、確信できた。

さらに掘りすすめ、第９層上面から一〇〜一五センチの深さで、石核集中と小礫集中がみつかった。石核や礫の基底部を生活面と推定し、レベルを計測した。

さきに特徴的な行動軌跡だと指摘した砂礫堆については、どの部分を生活面とみるかむずかしい問題だが、砂礫密集部の下底、密集部がない場合は砂礫集中部の下底を生活面と推定するのが妥当だろう。そう推定してみると、砂礫堆の深さはたいてい第９層上面から一〇〜一五センチほどになる。二〇センチの深さにおよぶ場合もある。石核集中と小礫集中に加え、砂礫堆の大部分も古いらしい。石器類五〇〇〇点の区分にくらべると、遺構・行動軌跡の上下層細分はかなり見通しが立ちそうだ。

発掘調査中、こうした楽観論がある一方、問題はそう単純ではないぞ、ということにも気がついていた。砂礫堆の古さが問題だった。砂礫堆をR文化層の下層に細分し、石組炉や灰色土などを上層に細分した場合、それと矛盾する現象がいくつかあったのだ。

ここから話は少し込み入ってくる。細かい話にはなるが、問題を具体的に述べることで、砂礫堆の実態を知っていただければさいわいである。

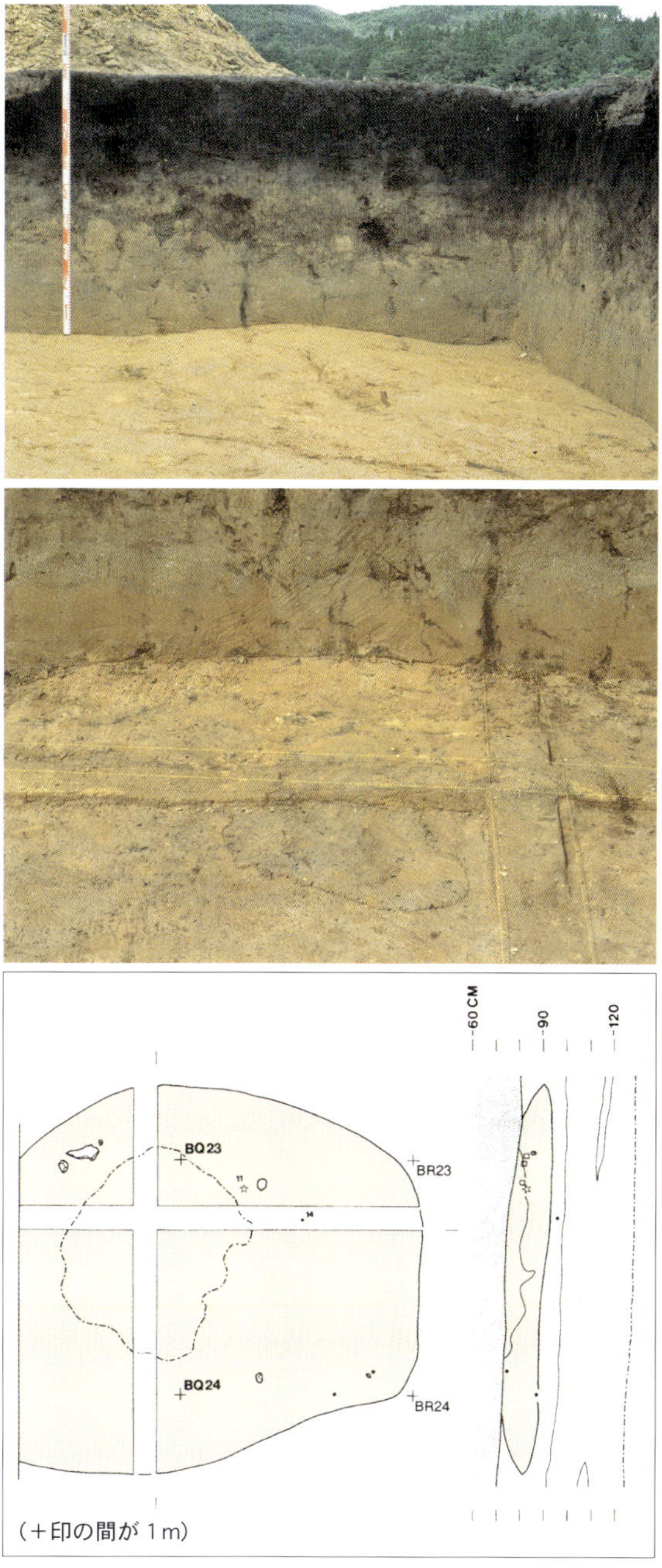

図22 ● AT層下面へふくらむ砂礫堆
BP23砂礫堆上面のふくらみはAT層下面へくいこんでいた（上）。砂礫堆上面でいきなり砂礫密集部（下図の1点鎖線）があらわれ、その南東部に灰色土（中）が含まれていたのも特異であった。

浅い砂礫堆もある

ＢＰ23砂礫堆と名づけた砂礫堆は、発掘区の中央やや南寄りにある（図22）。ＡＴ火山灰層を剝ぎとりながら第9層上面を露出させていくと、上面にいきなり砂礫の集中した部分があらわれた。砂礫堆上面をさらに周囲へ掘りひろげていくと、ＢＰ23砂礫堆の全体が土饅頭《どまんじゅう》のように軽くふくらむことがわかった。このふくらみ、ＡＴ層の側からみると下面の凹みになるのだが、ＡＴ層の火山ガラスと第9層の粘質土との違いは明白だから、これはまちがいのない事実である。

　砂礫堆がＡＴ火山灰にこれほど密着して埋もれているとすれば、石組炉や灰色土と同様、時期の新しい上層の行動軌跡とみなさなければならない。おまけに砂礫堆上面の砂礫集中部のすぐ脇に、安山岩製の見事な石刃が水平に埋もれていた。意図しておいたのではあるまいか。型式からみて、明らかに新しい時期の石器に属する。砂礫堆のなかに上層の行動軌跡と同時期のものがあることは確からしい、のである。もう一つの例をみよう。

　こんどは、発掘区の中央部北寄りにあるＢＸ19砂礫堆である（図23）。長径が一・三〇メートル、厚さが二〇センチほどの、最大規模の砂礫堆である。異例ながら、このＢＸ19砂礫堆の砂礫希薄部には、ＢＷ18砂礫堆というもう一つの砂礫堆が含まれている。深さからみると、ＢＷ18砂礫堆のほうが下位にある。砂礫堆どうしの間にも重なりがあって、新旧の区別があるらしいのだ。狭い台地上に四二カ所の砂礫堆が分布するわけだから、すべてが同時期でないことは十分ありうることだ。

　それはそれでよい。だが問題なのは、上位にあるＢＸ19砂礫堆の上面がＡＴ層下面へわずか

図 23 ● 砂礫堆の砂礫集中部
BX19 砂礫堆（中央）と BW18 砂礫堆（右手前）の砂礫集中部を露出させた状態。両者の間に石器が分布する。BX19 砂礫堆上面の砂礫希薄部（奥のベルト）はAT 層下面へわずかにふくらんでいた。

にふくらむことだ。この砂礫堆の砂礫希薄部縁辺にも玉髄製の石刃が一点ともなっている。

砂礫堆はすべてＲ文化層の下層だ、と割り切れないのはこんな証拠があるからだ。ならば、砂礫堆は古い時期から新しい時期まで継続してつくられたと考えればよいではないか、という意見が出てこよう。つまり、時期の切れ目がはっきりしないから、長い時間経過があったとしても一つの文化層として理解せざるをえない、ということになってくるのだ。やはり細分できない。議論が振り出しに戻るのである。

3　からまった謎を解きほぐす

砂礫堆の実体

ＢＰ23砂礫堆・ＢＸ19砂礫堆のあり方は、砂礫堆の時期細分の問題だけでなく、砂礫堆とは何か、いったい何をさして砂礫堆というのか、という砂礫堆自体の本質的な理解にまで問題が波及する。

さきに砂礫堆の一般的な特徴をあげたさい、その⑤で、砂礫堆の内部は、中心部ほど砂礫の密度が濃く、外側へしだいに薄くなるのが一般的な傾向だと述べ、砂礫密集部・砂礫集中部・砂礫希薄部（周縁部）のちがいを説明した。他方、砂礫堆を用いた時期の生活面を砂礫の密集部ないし集中部の下底と推定した。

では、砂礫の希薄部とは何なのか。どら焼きのように、真ん中の砂礫密集部を砂礫希薄部が上下から包んだものが砂礫堆なのか、それとも、砂礫密集部ないし集中部のみが砂礫堆の実体で、希薄部はそれが地層に埋もれたのち、二次的な砂粒の拡散によって形成されたものにすぎないのか。

一般論としていえば、どら焼き説は成り立ちがたい。地層中では細かい石器類や炭化物が地層のなかや、ときには地層の境界を越えて上下に移動することは、旧石器時代遺跡ではひろく知られた現象だ。これまでR文化層はAT火山灰層に守られて保存良好と述べてきたが、それは一般的な状況の説明としては正しい。しかし、何事も具体的な内容にふみこむと例外がつきものだ。

微細な遺物には、凍結作用、樹根、虫の移動などといった、詳細不明だがともかく物理的・生物的な理由で上下移動がみられる。砂礫堆において砂粒・炭化物の密度が中心ほど濃く、周囲へ薄くなっていれば、それは中心から周辺への拡散と考えるのが自然だ。つまり、どら焼きの皮の部分というのは二次的な自然の拡散現象であって、旧石器人の生活とは無関係、というわけだ。

では、BP23砂礫堆・BX19砂礫堆上面のふくらみは何なのか。砂礫希薄部に実体がなければ、なぜAT層下面が凹むのか。二つの砂礫堆の希薄部に、それぞれ安山岩製と玉髄製の石刃が埋もれていたのは偶然にすぎないのか。BP23砂礫堆の希薄部裾には板状に割れたホルンフェルスの破片が置かれていた。BI13区あたりに分布する三片と接合するから、一二メートルあまり離れたところから運ばれてきたものだ。これも偶然だろうか。何もないところに石片《せきへん》が落とされたというより、砂礫堆のふくらみがあったために、その裾に置いたと理解したほうが自然ではあるまいか。どら焼き説も、そうかんたんに雲散霧消とはいかない。

浸食が進んでいた第9層上面

ＡＴ火山灰層を掘りあげ、第９層の掘りさげをはじめる前に規則的にやったことがある。第９層上面の高さを一メートル間隔で計測したのである。計測値には多少の誤差が含まれるだろうけれども、一メートル角四点の平均値で各区のレベルを出してみると、発掘区全体における９層上面の旧地形がおおむね復原できる。

高低差五センチの等高線図では、微地形にかなりの起伏があらわれる。地層の浸食があったのだ。地層はつねに堆積作用と浸食作用をうけ、前者が優勢であれば地層は積もり、後者がまされば地層はなくなってしまう。第９層は全体で約四〇センチの厚さがあり、その上部約二〇センチにＲ文化層の遺構・行動軌跡・遺物が含まれている。わずか二〇センチとはいえ、地層が存在する以上、堆積作用がまさっていたのであり、そのおかげでＲ文化層の考古資料がのこったのだ。

第８層と第９層との境界が不整合面（時間間隙のある地層の重なり）であることは最初からわかっていた。しかしＡＴ層や上下のホーキ層がみごとな水平堆積を示していたから、それほど浸食作用を重視していなかった。そもそもわたしたちが第９層上面のレベルを計測したのは、ＡＴ火山灰層におおわれて第９層全体がよくのこり、その上面からの深さを測れば遺構・遺物が重なっていても少しは新旧の見分けがつくのではないか、というもくろみがあったからだ。

しかしAT火山灰層がおおったのは、ある程度浸食の進んだ第9層上面だったらしい。そうなると、レベルを測った最初のねらいが水泡に帰しかねない。石器類が地層中で二次的に動くことは折り込みずみだったから、深さの数値が万能になるとまでは期待しなかったものの、一線で重なるAT層下面と第9層上面のあいだにかなりの時間差を想定することは予想外であった。一つの盲点だった。

石器ブロックと母岩類型の深さ

報告書作成の時点で、R文化層石器群の事実記載を担当したのは馬路晃祥《まじこうよう》さんだ。彼は、石器ブロックごとに石器石材の第9層上面からの深さ分布を調べ、その上下差の大きさから一つの石器ブロックが必ずしも一時期に形成されたものでないことを推定した。

そしてつぎに馬路さんは、報告書に掲載するR文化層考察論文草稿のなかで、石器の母岩類型ごとに深さ分布を調べた。母岩単位で石器類の新旧を定め、それを三時期に細分する試案をまとめた。母岩単位の平均的な深さには、かなり意味がありそうだった。無駄なようにみえても、とにかくやってみることが大切だ。

石器の母岩というのは、石器や剝片を剝離した元の一個の原石のことである。石の色調や節理の走り方などを手がかりにして、遺跡からばらばらに出土した石器類を元の原石ごとにまとめたものを母岩類型とよんでいる。

肉眼観察による識別だから、主観が入りこむ。元の原石であることが確実ならば母岩といいきってよいが、不確実なのでわざわざ類型という言葉をつけ加えている。仮に一〇点の石器類からなる母岩類型がすべて接合関係にあったとすれば、これはもう確実な一母岩であり、一原石だ。接合資料がはっきりした剝片どうしの兄弟関係をあらわすとすれば、母岩類型はたんなる「似たものどうし」の仲間にすぎない。両者の資料的価値には雲泥の差がある。

R文化層の石器類では、計三〇の母岩類型がみいだされた。水晶六一七点が七類に、安山岩二〇六点が五類に、玉髄一七〇点が一四類に、凝灰岩五一点が四類にそれぞれまとめられた。石器類を母岩ごとにまとめる作業は、石器接合資料を探しだし、石器の製作技術を復原するために役立つのではじめる場合が多い。恩原1遺跡でも同じだった。

R文化層の安山岩・玉髄・凝灰岩の母岩類型は、類型の石器類点数にくらべ、そこに含まれる接合資料が比較的多いから、母岩類型としてはわりあい信頼度がたかい。ほとんど母岩そのものといってよい事例もある。

石器ブロックのなかで母岩の深さを比較

さて、馬路さんの母岩類型の深さ分析に刺激され、思い直してわたしがやったのはつぎの四つのことだった。

（1）水晶・安山岩・玉髄・凝灰岩の各母岩類型を、それぞれ一原石（つまり同時期の遺物）と仮定する。「似たものどうし」を勝手に兄弟と決めつける乱暴な議論だが、ともかくそう仮定してみた。
（2）数点から数十点の石器を含む母岩類型が複数存在する石器ブロックを選びだし、第9層上面からの深さでそれぞれの母岩類型の深さを比較し、上下（新旧）関係を判断する。そして、複数ブロック間で各母岩類型の新旧関係に矛盾がないかどうかを調べる。
（3）石器ブロック内で母岩類型の上下関係を判断するさいに、①石器の接合関係、②石組炉や砂礫堆といった遺構・行動軌跡との共伴関係または上下関係、③石器類の型式学的な特徴、④石器類の平面的な分布位置、といった諸要素を考慮に入れ、新旧関係の整合性をたかめる。
（4）各石器ブロックにおいて、上記の（2）と（3）の結果得られた母岩類型の上下（新旧）関係にあわせ、母岩類型をおこなっていないそのほかの石器四二一一点を上下（新旧）に区分する。もちろんこの場合も、（3）の①～④の判断基準を考慮する。
以上の4つの作業をつみかさねてゆくと、意外なことにというべきか、当然というべきか、（2）と（3）の作業によって石器類の上下層細分がかなり明瞭にできることを知った。（2）と（3）がうまくいくということは、逆に（1）の仮定がある程度正しかったことを意味する。

R上層文化層とR下層文化層

石器ブロックごとの母岩類型の上下関係については、話が細かくなりすぎるので省略し、おもな石器ブロックの母岩類型の深さをくらべたグラフをあげて結果のみ述べておこう（図24）。

第9層の最上部（第9層上面とそれから深さ五センチほどの間が中心）に含まれる母岩類型を核とした石器類をR上層文化層（石器群）、それより下位（深さ五センチ前後から一五センチほどが中心）の母岩類型を核とした石器類をR下層文化層（石器群）と名づけておきたい。

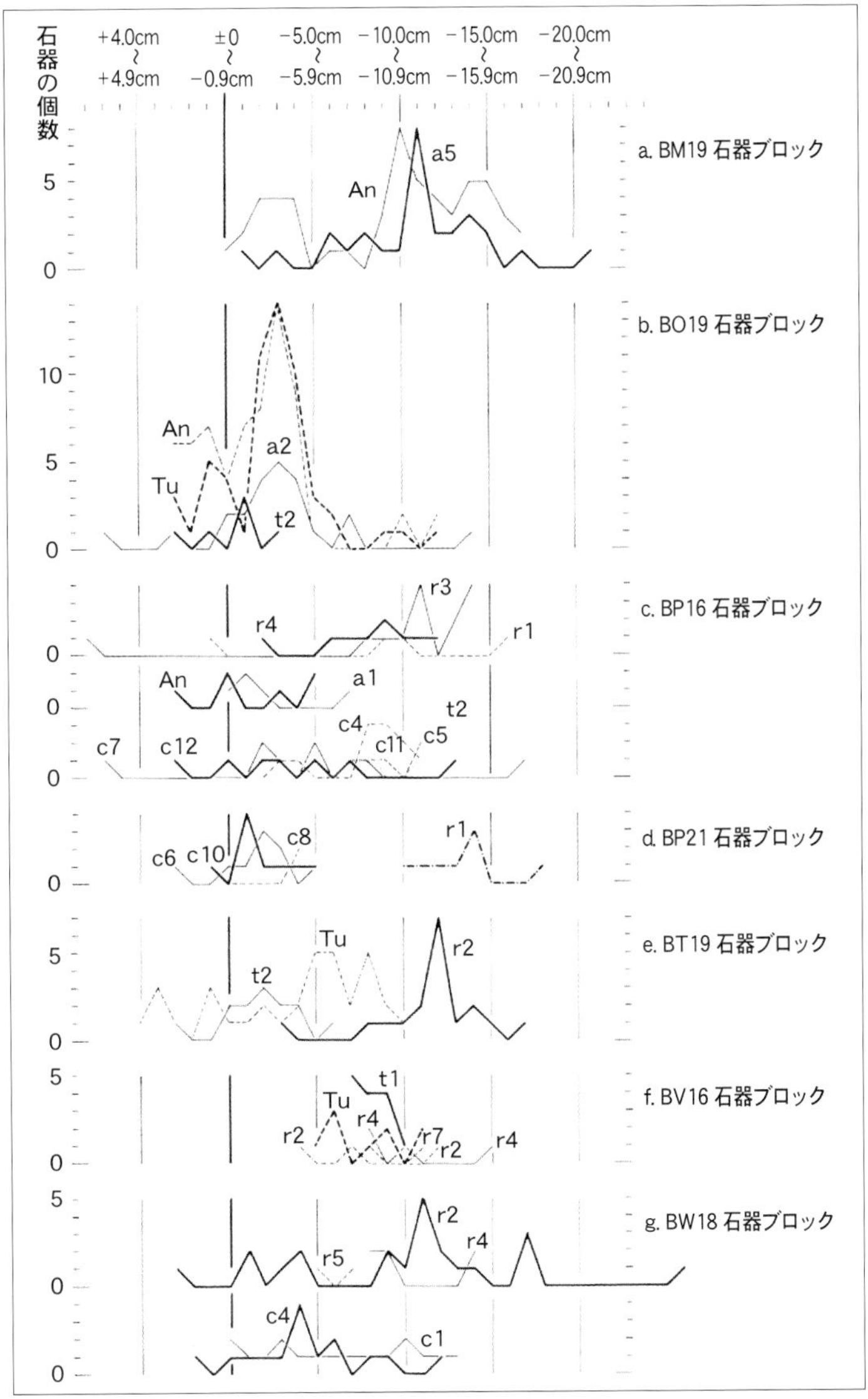

図24 ● 石器母岩類型の深さで上下層を分ける
石器ブロックごとに石器母岩類型の深さを比較し、R文化層石器群を上下層に分けた。第9層上面（0cm）から深さ5cm（−5cm）ほどの間に個数の多い母岩類型が上層（a1〜a4類、c6・c8・c10・c12・c14類、t2類が）で、それ以外が下層になる。a・c・r・tはそれぞれ安山岩・玉髄・水晶・凝灰岩の母岩類型資料、An・Cc・Rc・Tuはそれぞれ母岩類型区分をしていない安山岩・玉髄・水晶・凝灰岩製石器。

水晶の母岩類型は、すべて下層に属する。安山岩では、四類型が上層で一類型のみ下層である。玉髄は、上層五類型、下層九類型に分かれた。凝灰岩も上層一類型、下層三類型である。母岩類型外資料も含めた石器類総数は、上層が六四一点、下層が四六一四点であった。

上層の石器群は、砂川型石刃技法やその石刃を素材としたナイフ形石器で特徴づけられる。つまり、従来からR文化層石器群全体の指標とみなされてきたものが、じつは上層石器群にかぎられる特徴であることが判明したのである。下層石器群は、予想どおり台形石器を指標とする石器群になった。

もとよりこうしたR文化層の細分は、母岩類型を基礎とした大局的な分類である。玉髄・凝灰岩の母岩類型では上下層細分を決めるには根拠の弱い事例もあるし、母岩類型以外の資料となると、石器の個別的・偶然的な移動などに影響される度合いが大きい。大づかみな区分ではあるが、しかしともかく厚さ二〇センチの地層に堆積したR文化層石器群五二五五点を二つの文化層に細分しうるめどがついた。その意義は小さくない。

ちなみに馬路さんは、報告書の考察最終稿では上記の分析結果にあわせ、母岩類型三時期区分のうちのもっとも新しい母岩類型群をR上層文化層に対応させ、第一と第二番目の母岩類型群をR下層石器群に対応するよう再整理した。彼の意見では、R下層文化層の石器群がさらに二時期に細分されることになるのだが、話がさらに込み入るのでここではその話題にふれない。R下層石器群に多少の時期差が含まれることは十分考えられることだが、少なくともそうした時期差は行動軌跡をも含めた文化層の区分とはやや異質な問題であることに留意しておきたい。

砂礫堆の変態

R文化層石器群の上下層細分に見通しがつくと、こんどは砂礫堆に関する理解の混沌からも抜け出せる見込みがでてきた。

上層石器群の垂直分布が第9層の最上部を中心としていることが判明し、石器ブロックごとに石器類の上下層細分をおこなう作業のなかで、砂礫堆の砂礫密集部・集中部に上層石器群の母岩類型がまとまって含まれる例はない、という事実をつきとめたからである。砂礫堆は、砂礫密集部・集中部の下底を生活面とみなすかぎり、その深さからみても共伴する石器類からみても、すべて下層文化層に属するのである。

このことを確定してみると、問題としてのこるのはBP23砂礫堆・BX19砂礫堆上面のふくらみとその砂礫希薄部に関係する上層石器群とのかかわりである。そこで、こんなシナリオを考えてみた。

BP23砂礫堆・BX19砂礫堆は、いったん地中に埋まったあと、浸食で上部が削り出されたのではないか（図25）。第9層上面からの深さと年代の新旧との関係を撹乱させる浸食作用を、こんどは逆手にとって、砂礫堆理解のキーポイントに仕立てようというわけだ。

つまり、地面に残された砂礫密集部・集中部が、埋没後、二次的な拡散作用をうけて砂礫希薄部を形成した。そしてその後、第9層上面にややつよい浸食が作用し、砂粒を含んだ砂礫堆希薄部が周囲の粘質土より硬く、上部がふくらみとして削りのこされたのではあるまいか。そこへ、上層文化層の人びとが到来し、一人が手ごろな地面のふくらみに身を寄せ、石器をのこしたのではないだろうか。

下層文化期の行動軌跡が地中で変容し、上層文化期に新しい姿で再生する。生物になぞらえていえば、これはまさしく変態だ。あえて砂礫堆の変態とよんでおきたい。

はたしてこの筋書きに証拠はあるのか。証拠があってもなくても、一方で砂礫堆希薄部が二次的な拡散作用であると理解し、他方でふくらみには実体があるという現象の矛盾を解決するには、この考え以外に妙案はなさそうなのである。

図 25 ● 砂礫堆の変態
上から順に、①使用された砂礫が地面にのこる、②埋没した砂礫が拡散して希薄部を形成する、③のちの浸食で希薄部上面や砂礫密集部が露出する、④ふたたび生活の場となる。

ＢＰ23砂礫堆をもう少しくわしく観察してみよう。この砂礫堆には、これまでに述べた以外でちょっと特異な点がある。砂礫集中部が砂礫堆の最上部にあって、しかもその一部に灰色土が含まれているのである。砂礫堆四二カ所のなかで、上面に灰色土を含む例はほかにない。

砂礫堆が浸食をうけて砂礫密集部までが露出したあと、上層文化期の人間が砂礫堆のうえで焚き火をした可能性がある。砂礫堆上面近くに長さ三センチほどの大きな炭化物がみとめられたので^{14}C年代を測定しておいた。つぎに述べるように、上層文化層に対応する年代（二万五三四〇±三〇〇年前）が出ているのである。もちろん発掘当時は、新旧二つの時期の行動軌跡が重なっているなどとは夢にも思わなかったのだが。

4　みえてきた環状の集落

生活痕跡をR上層とR下層に整理する

いまいちどR下層文化層に属する行動軌跡・石器類を整理しておくと、石核集積二カ所、小礫集中四カ所、砂礫堆四二カ所となる。これにともなう石器類は四六一四点で、台形石器を指標とし、石材の大部分は水晶である。

下層の行動軌跡にかかわる^{14}C年代測定では、未較正^{14}C年代で約三万年前から約二万七〇〇〇年前の年代が出ている。このころの較正年代が三〇〇〇年前後古くなると見積もれば、較正年代ではおよそ三万三〇〇〇年前から三万年前ごろまでの間のいずれかの時点となろう。

一方、R上層文化層に属する遺構・行動軌跡は、石組炉一カ所、灰色土七カ所、炭化物集中一カ所、礫群一カ所である。同時期の石器類は六四一点で、二側縁《にそくえん》加工のナイフ形石器と砂川型石刃技法を指標とし、石材は安山岩・玉髄・凝灰岩などである。水晶製石器は砂川型石刃技法の石核一点のみを含めたが、本来剝片なども一定数含まれていたはずだ。

上層に属する遺構・行動軌跡にかかわる未較正^{14}C年代は約二万五〇〇〇年前、較正年代でおよそ二万八〇〇〇年前と推定できよう。恩原1遺跡の^{14}C測定年代については考古学的な文化層細分や編年位置とある程度整合的な数値が出ているが、はじめにも述べたように、旧石器時代の^{14}C測定年代には不確定な要素が多く、大まかな見込みの数値と理解しておきたい。

さて、四五カ所の石器ブロックごとに上下層の細分を終えた。区分の曖昧な石器については、蛮勇をふるってより可能性のたかいほうへ振り分けた。二つの石器群台帳をもとに、器種別・石材別・母岩類型別の分布図をコンピュータでつくったのは津村宏臣さんだ。さっそく分布図をみてみよう。

みえてきた遺構・行動軌跡の円形〜環状配列

R下層文化層　下層の砂礫堆と石器類の分布を重ねてみると、東西にならぶ二つの分布域がはっきりあらわれた（図26）。東側のC区分布域（CAライン以東）は、石器類の分布が希薄ながら、八カ所の砂礫堆からなる分布域の外縁長径は一一

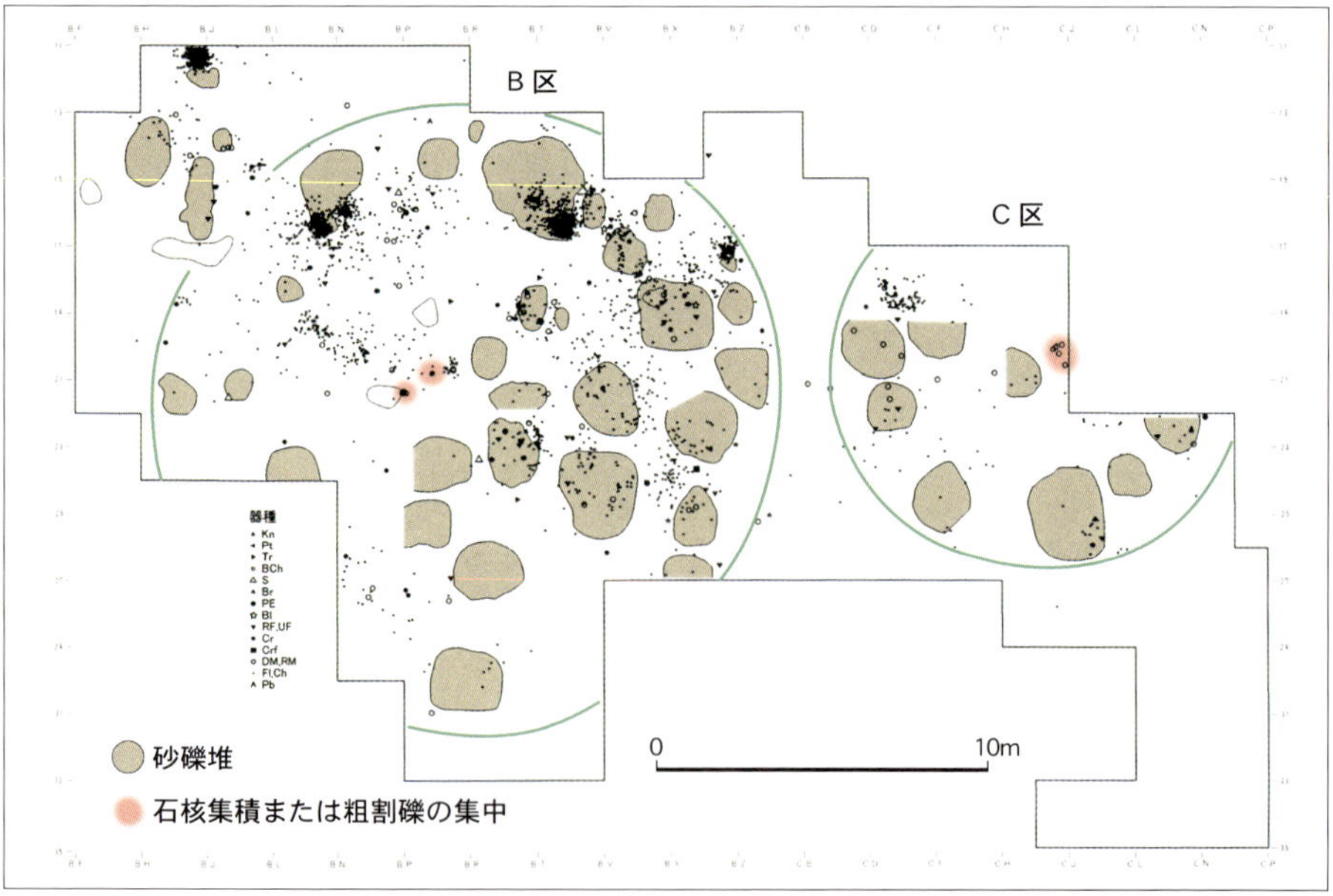

図26 ● R下層文化層の石器と行動軌跡
石器類4614点と砂礫堆42カ所、石核集積2カ所、小礫集中4カ所が、東西2つの環状ないし円形の生活跡（長径11mと18m）を形成する。約3万3000年前〜3万年前。

メートルである。未発掘の北東部はよくわからないが、砂礫堆は環状に配列されているようだ。環の中央部分に玉髄の粗割礫五点と剝片一点がかたまっていた（図27）。C区の石器類はすべて水晶だから、少なくとも石器づくりではここが何か特別な意味をもつ場所であったらしい。

西側のB区分布域（CAライン以西）は、北西部が少しはみ出しているが、それを除くと外縁長径が約一八メートルの円形になる。砂礫堆三四カ所、石核集積二カ所、小礫集中四カ所を含む。円形分布域の内部に砂礫堆や石器類の分布がおよぶから、明確な中抜きの環にはならない。しかし北西寄りに砂礫堆のない空白地があって、そこに二カ所の石核集積がある。これはC区分布域中央部のあり方と軌を一にしている。

そして、母岩類型の分布図でみると、円形分布域のいちばん外側と中央東寄りの砂礫堆にそって母岩類型ごとの集中分布地点がならぶようにみえる。環状配列の姿は明白とはいいがたいが、円形分布域が形成される要因として、環に規制された人間行動があった可能性は考えてよいだろう。

R上層文化層　上層の石器類と行動軌跡は、長径約一九メートル、短径一二メートルの楕円形の範囲に分布する（図28）。九カ所の炉とそれにそって分布する石器類は、南西側

図27●**環状砂礫堆中央の玉髄製石器類**
東側C区の環状砂礫堆中央に玉髄製の粗割礫5点・剝片1点が集中していた（左壁際）。右手の樹根痕跡部分がCH21砂礫堆。

がちょっと希薄だが、楕円形の環状配列とみなしてよいだろう。中央部には石器ブロックが楕円の長軸方向にそってのびる。器種の分布図をみると、ナイフ形石器と石刃が外側の環の部分と中央石器ブロックに集中して分布することがよくわかる。

こうしてR文化層を上下層に細分した結果、遺構・行動軌跡・石器類が、下層で二つ、上層で一つ、計三つの円形配列ないし環状配列を描くことが判明した。考古資料の分布状態の背後には当然、人間の行動があったわけだから、円形の場で、あるいは環状の場で起居する人間の姿をそこに想像しないわけにはいかない。つまり、環状の集落があった可能性が考えられるのである。

環状集落の形成

日本列島の環状集落といえば、まず縄文時代

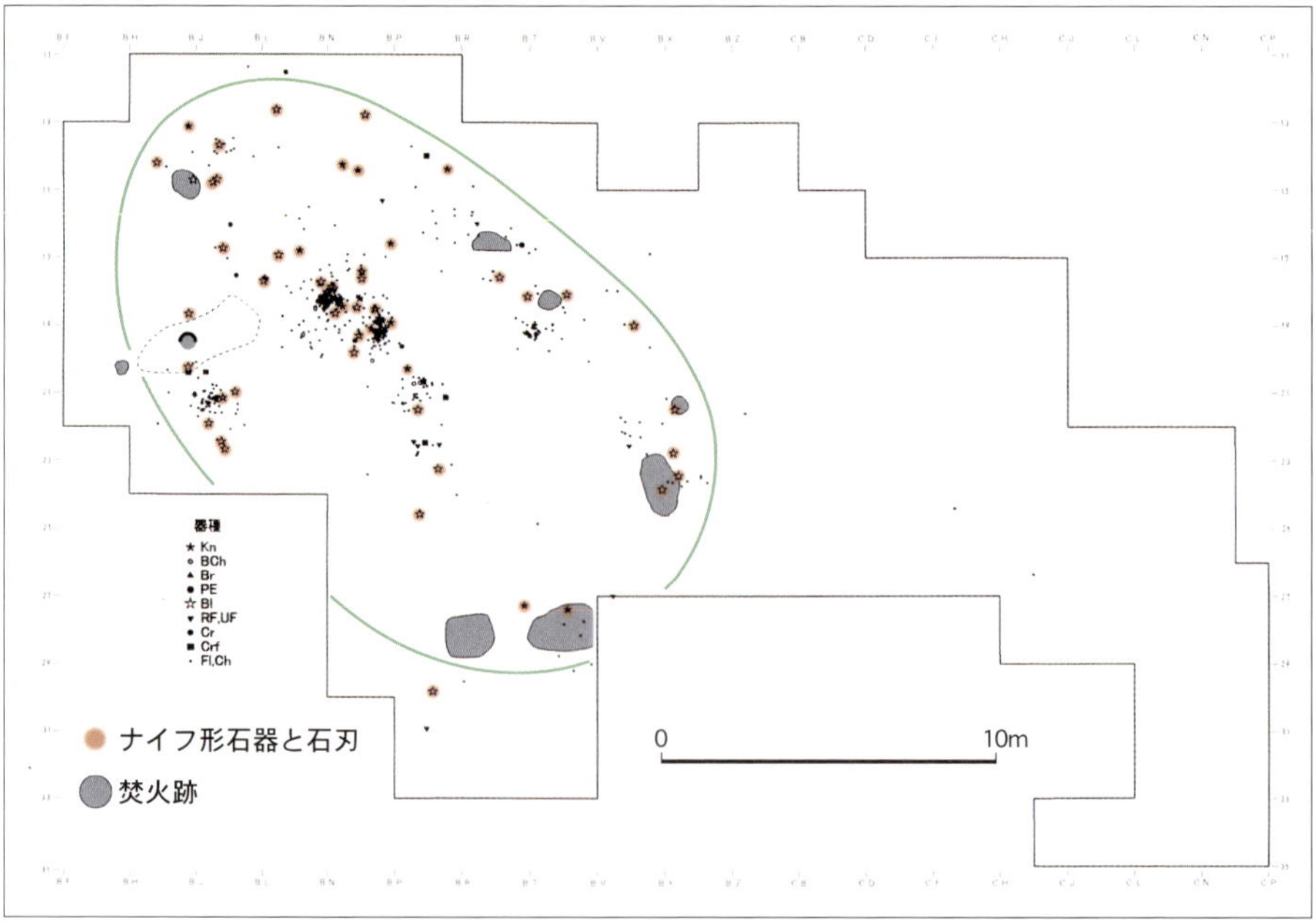

図 28 ● R 上層文化層の石器と行動軌跡
石器類 641 点と石組炉 1 カ所、礫群 1 カ所、灰色土 7 カ所、炭化物集中 1 カ所の分布が楕円形の生活跡（長径 19m）をあらわす。約 2 万 8000 年前。

前期初頭以降、とくに中部・関東から東北地方で発達した環状集落が思いだされる（図29）。外縁長径一〇〇～一五〇メートルにおよぶ大規模なものがある。中央広場を中心に、墓や貯蔵穴、竪穴あるいは平地式掘立柱の建物が同心円状に配列されるのが普通である。

旧石器時代にも環状集落がある。建物などのはっきりした遺構は確認されておらず、石器類の分布だけなので、環状（石器）ブロック群とよばれている（図30）。一九八三年に群馬県の下触牛伏《しもふれうしぶせ》遺跡ではじめて発見された。外縁長径が約五〇メートルで、中央にも石器ブロックが分布する。もっとも規模が大きいのは栃木県の上林《かみばやし》遺跡の環状ブロック群で、長径八〇メートルの楕円形となる。中央に二つの石器ブロックがならぶ。長野県の日向林《ひなたばやし》B遺跡の環状ブロック群は、長径約三〇メートルで、中央部ブロック群の面積が大きい。環状ブロック群はすでに全国で数十の事例をかぞえ、いずれも後期旧石器時代初頭、約三万年前以前にさかのぼる。

恩原1遺跡R下層文化層が、ちょうどその時期にあたる。下層の円形・環状分布域は環状ブロック群

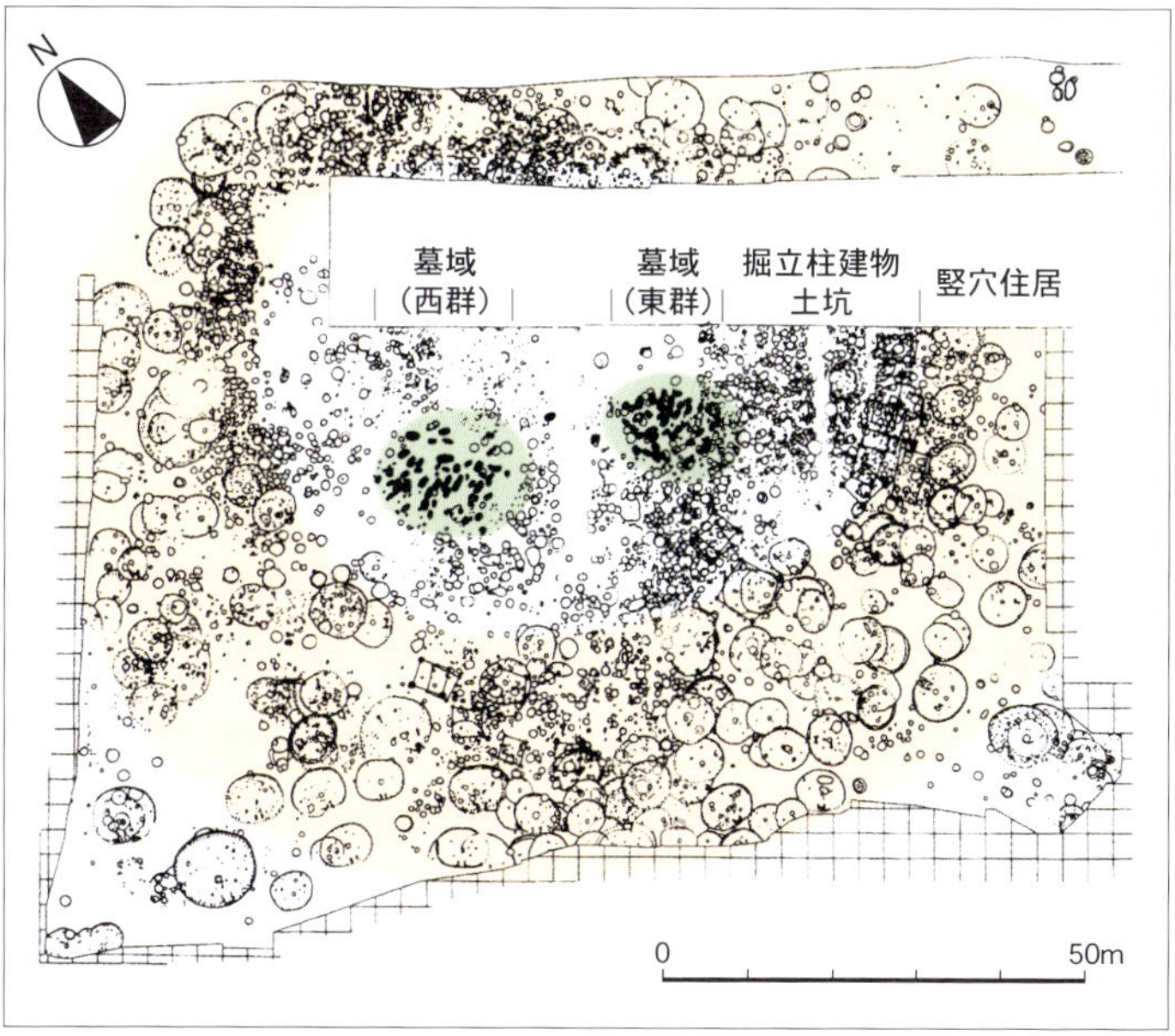

図29 ● 縄文時代の環状集落
青森県風張１遺跡の環状集落中央には２つの墓域がある。

と同じものだろうか。恩原のものは規模がかなり小さい。

ところが、岡山県蒜山《ひるぜん》高原の中山西《なかやまにし》遺跡で長径約一一メートルの環状ブロック群が発見されている（図30）。全国でも最小規模だ。水晶製の台形石器を含んでいる。中山西遺跡の事例を介在させれば、恩原の円形・環状分布域を規模で環状ブロック群から区別する理由はなくなる。そうすると、B区円形分布域中央部の砂礫堆や石器ブロックについても、下触牛伏遺跡や日向林B遺跡の中央部ブロック群に類したものとみなしうる可能性が出てくる。

ともあれ恩原1遺跡R下層文化層の円形・環状分布域は、砂礫堆中心の構成であることはまちがいない。これは全国の環状ブロック群と大きく異なる点だ。

一方、R上層文化層の楕円形環状分布域

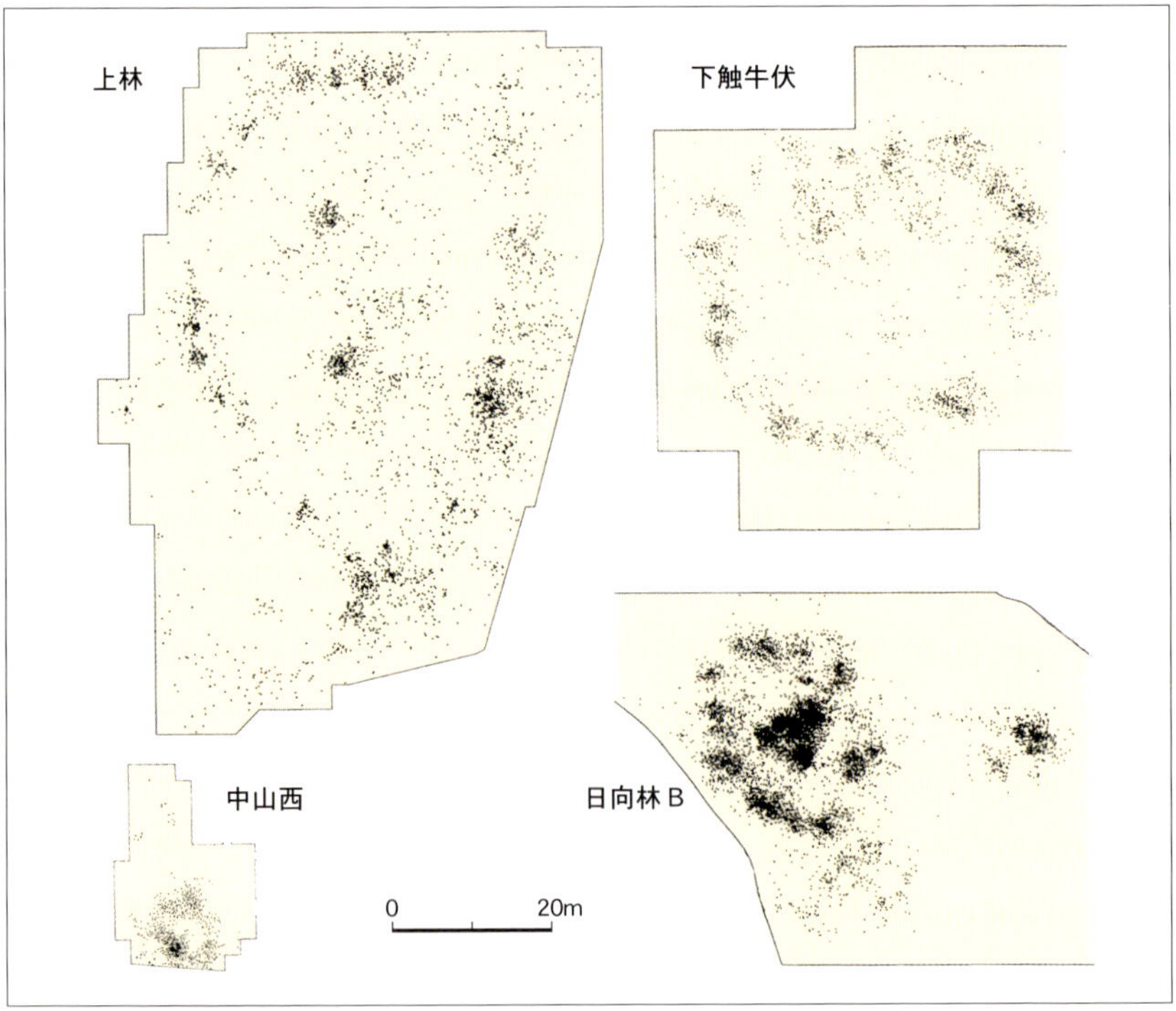

図 30 ●旧石器時代の環状ブロック群
後期旧石器時代初頭の環状ブロック群の大きさには長径 80m から 10m ほどの変化がある。

は、下層と同様、環状ブロック群に類似しながら、二つの点で特色がある。第一は、炉の配列が楕円形環状分布の骨格を形成していることだ。たんなる石器ブロックの配列だけでないという意味で、下層文化層と共通する。第二は、年代がほかの事例より新しく、後期旧石器時代後半期初頭まで下る、という点である。このことは旧石器時代環状ブロック群と縄文時代環状集落との間の大きな空白期の一点が埋まったことを意味する。

旧石器時代から縄文時代まで、円陣を組んだかなり規模の大きい集落が断続的に続いた可能性を恩原遺跡群は物語る。もっとも旧石器時代の環状の集落というものは、数のうえではやはり少数である。

たとえば恩原2遺跡のR文化層は恩原1遺跡R下層文化層に対応する時期にあたるが、ここでは小集団が短期間居住した痕跡がのこされている。石器層数は三四五点で、ほとんどが水晶製である。台地の西縁付近に集団が到着したあと、台地の奥寄り二カ所で水晶原石をつかって石器製作をおこなった（図31）。

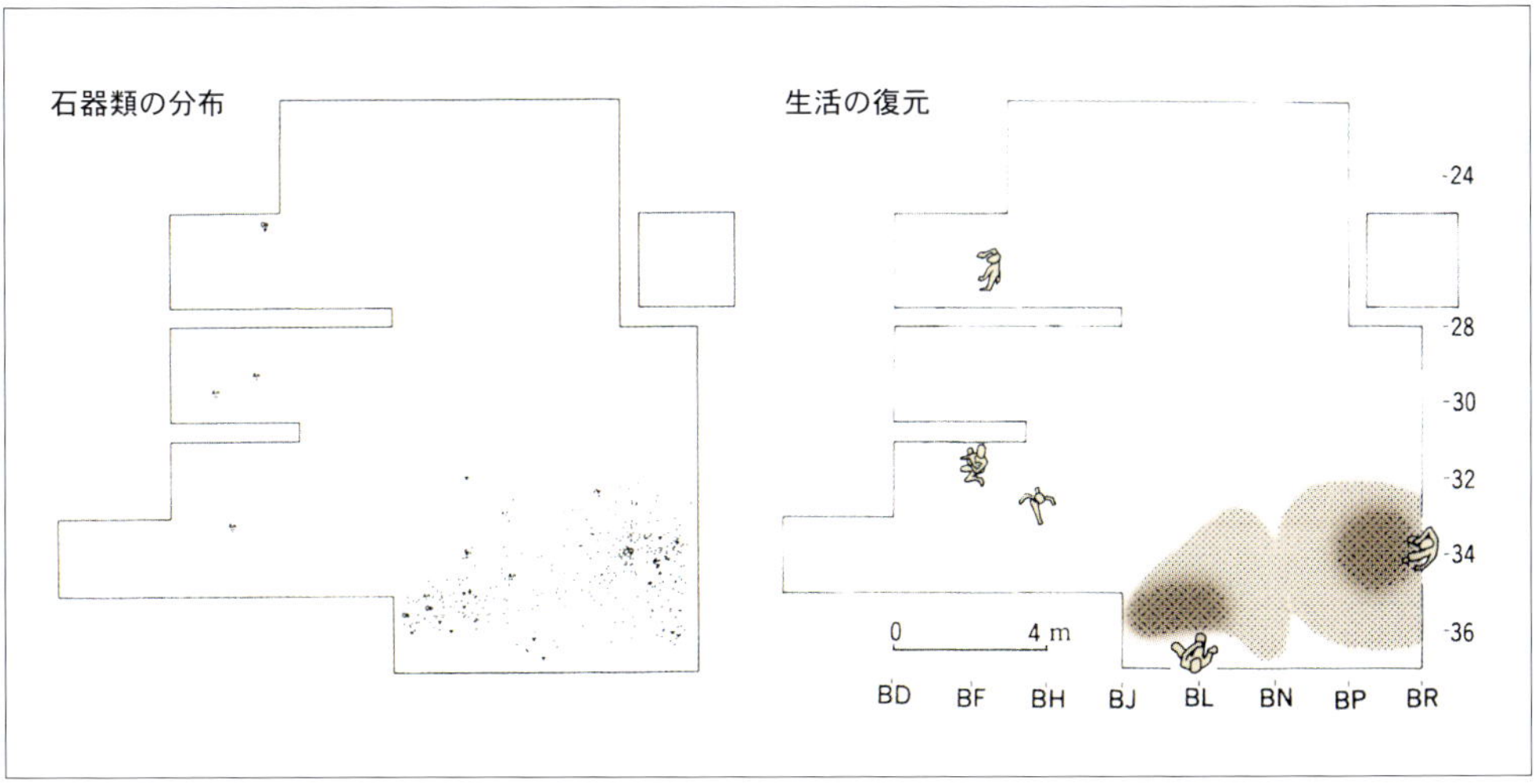

図31 ● 恩原2遺跡のR文化層
石器類345点の分布は、小さな集団の生活域と石器製作域を示す。

第3章　遊動する人びと

1　石器製作の循環

在地色のつよい石器

恩原1遺跡O文化層（図8参照）は、比較的短期間に居住した旧石器人の姿をとらえるにはうってつけの文化層である。石器類・石器ブロックなどの数が適度であったうえに、それらが硬い火山砂に上下を挟まれてよく保存されていたからだ（図32）。

石器類は総計八五〇点で、その九一パーセントが黄土色の良質な玉髄製である。ほかに安山岩・水晶・黒曜石などを少量含むのみ。

石器群の編年的な指標となるのは、五点のナイフ形石器である。縦長剥片を素材にした二側縁加工なのだが、R上層文化層のナイフ形石器のようにスマートで全国標準的なものとはちょっといいがたい。つくり方にクセがあって、地域色が強いのだ。もとの素材の形がわからなくなるほど刃潰し加工をほどこし、基部を細長くつくりだす（図33）。最初に確認された岡山県津黒《つぐろ》高原付近の遺跡名をとって、フコウ原型ナイフ形石器とよんでいる。

器種組成で特異なのは、ナイフ形石器に刃潰し加工をほどこした際にできる砕片が一一五点含まれることだ。刃潰し加工の砕片がこれほどまとまってあるのは全国的にもまれだ。報告書のO文化層事実記載を担当した三浦知徳《とものり》さんが微細な遺物に細心の注意をはらい、丹念に選び出した成果である。

その砕片に、一般的なそのほかの砕片五九四点が加わり、全体で八割以上が石屑になる。石器製作をさかんにおこなったことを意味するが、とりわけ二次調整加工をほどこす石器の仕上げ加工に熱心であったことを物語る。

石器ブロックと炉跡

石器ブロックは四カ所である（図34）。このうち第1石器ブロックに八〇八点が集中する。八〇八点のなかの七〇四点が上記の玉髄だから、石器の加工はほとんど第1ブロックでおこなったことになる。あとの三ブロックは、二〇点前後以

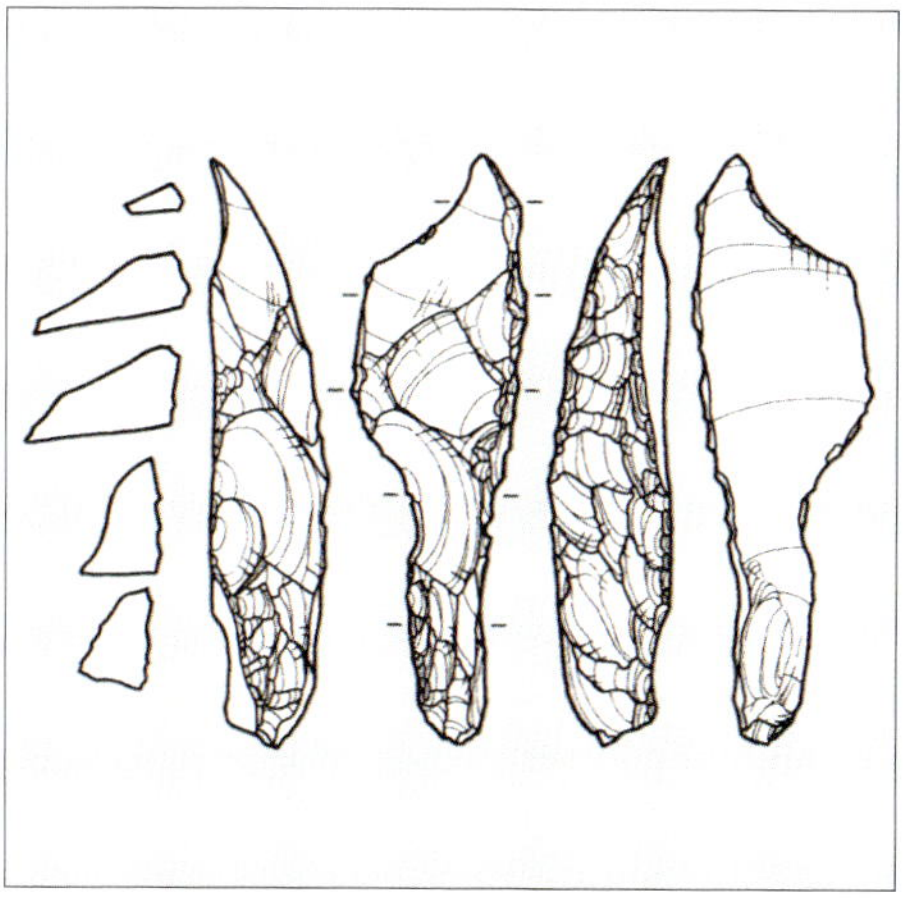

図33 ● O文化層のナイフ形石器
フコウ原型ナイフ形石器とよばれ、両側縁の過度な刃潰し加工と細長い基部が特徴。

図32 ● オドリ層上部の石器出土状況

下の散在石器類のまとまりである。

　四つの石器ブロックは一二例の石器接合資料で直接・間接に結びつくから、おそらくすべて同時期であったとみてよい。むろん多少の時間的な継続はあったはずだ。石器製作の場と、そのほかの作業や寝起きの場が区別されていたのだろう。

　炭化物集中が六カ所ある。東西二〇メートルほどの範囲にひろがっている。このうち三つには石器類が含まれていた。石器ブロックと焚き火跡は、分布域が少しずれるけれども、たぶん同時といってよい。

　第1石器ブロックと重なるBZ25炭化物集中は、南北二・四メートル、東西一・三五メートルと規模が大きく、その中央部長径六〇センチほどの範囲は炭化物が濃密で、灰色土を含んでいた（図35）。ここが焚き火の中心である。

　灰色土の内外に赤化した玉髄の剥片が含まれていた。黄土色の玉髄が熱をうけると赤く変色することは、実験で証明ずみである。O文化層旧石器人が焚

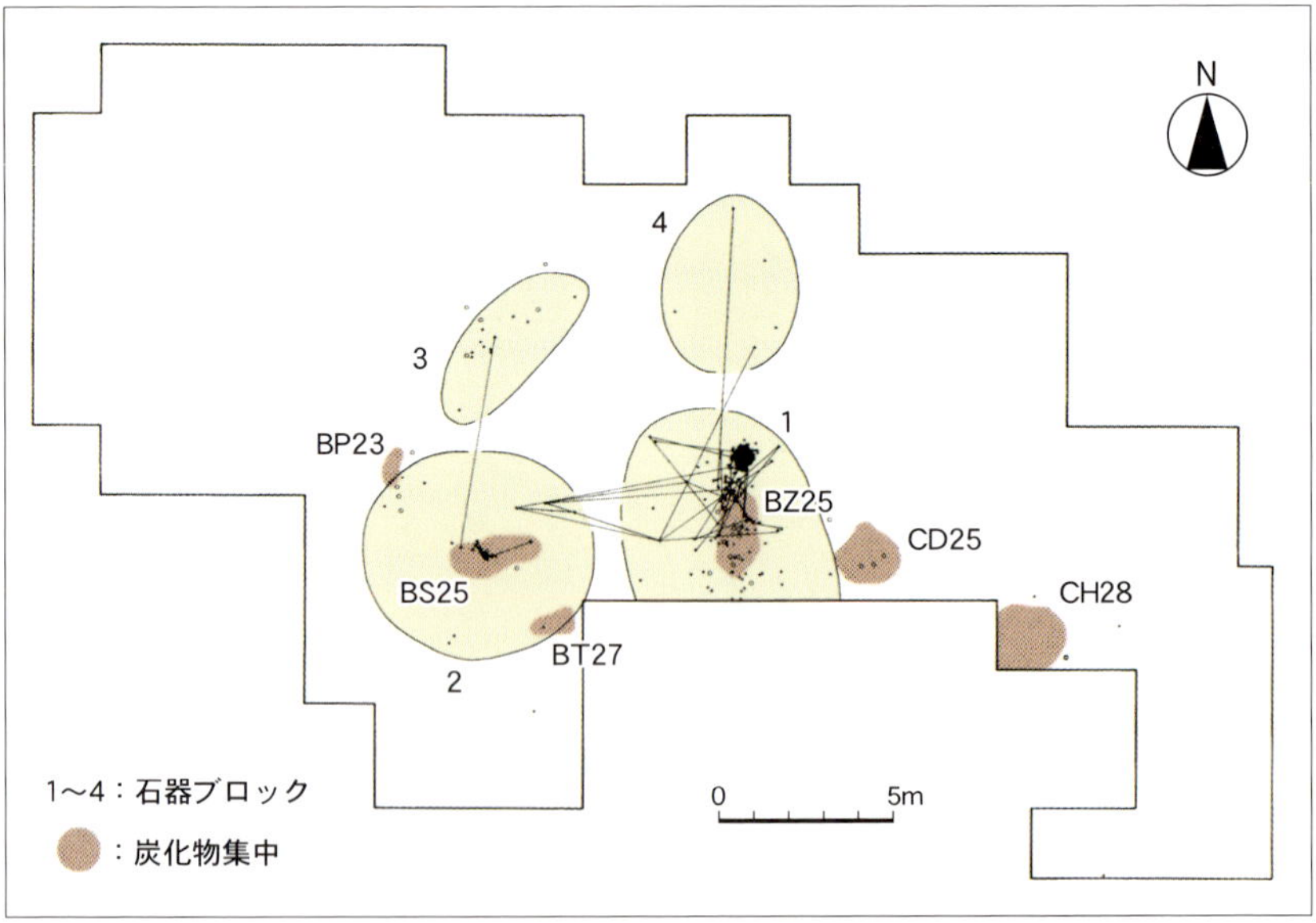

図34 ● 恩原1遺跡O文化層の石器ブロックと炭化物集中
大きな焚き火（BZ25炭化物集中）の北側で石器づくりをおこない（第1石器ブロック）、その東西に生活域がひろがる。

き火の前で石器製作をおこない、その石片が焚き火のなかへ飛び散ったと考えるのがもっとも素直な解釈だろう。

石器類の量と炭化物の濃密さからみて、第1石器ブロックとBZ25炭化物集中に生活の中心があったろうことは容易に推測できる。しかし、これほど玉髄の石屑がありながら、第1ブロックには玉髄のナイフ形石器が一点しかない。ほかの石器ブロックにもみあたらない。頻繁な刃潰し加工で多数の砕片を打ち落として仕上げられたナイフ形石器は、いったいどこへいったのか。

石器製作の循環

第1石器ブロックはほかに安山岩製と黒曜石製のナイフ形石器各一点を含むけれども、製作屑がないから、これらはここでつくった石器でない。外から製品としてもちこまれたものだ。のこり二点のナイフ形石器は第3・第4ブロックに分布し、

図35 ● O文化層の焚き火跡
BZ25炭化物集中（左）には赤化した玉髄剝片が、BT27炭化物集中（右上）には水晶の剝片が、CH28炭化物集中（右下）には大型の炭化材が含まれていた。

これらも黒曜石製である。典型的なフコウ原型ナイフ形石器の一点は、刃潰し加工の砕片一点と接合するけれども、黒曜石の砕片はこの一点のみだ。完成品をもちこんで、部分的な調整加工をおこなったにすぎない。

つまり、O文化層の石器類には、石器の製作と使用との間で、循環がみとめられるということだ。恩原へ来るより前につくった石器が恩原へのこされ、恩原に来てから製作した石器はつぎのキャンプへもちだされた。もちこんだ石器は四ブロック全体の範囲で使用ないし保管され、石器づくりは一つのブロックで集中的におこなった。

もちこんだ石器ともちだした石器の石材がちがうのは、O文化層旧石器人が異なった石器石材産地を経由しながら遊動していたことを示す。むろん、旧石器集団どうしの間で石器石材の交換もいくらかはあったのだろうが、交換だけで石材をすべて調達できたとはとても思えない。遊動の経路に石器石材産地を組みこんでいたと考えたほうが理解しやすい。

恩原1遺跡O文化層には、石材を採取し、石器をつくり、もち運び、使用し、廃棄し、また

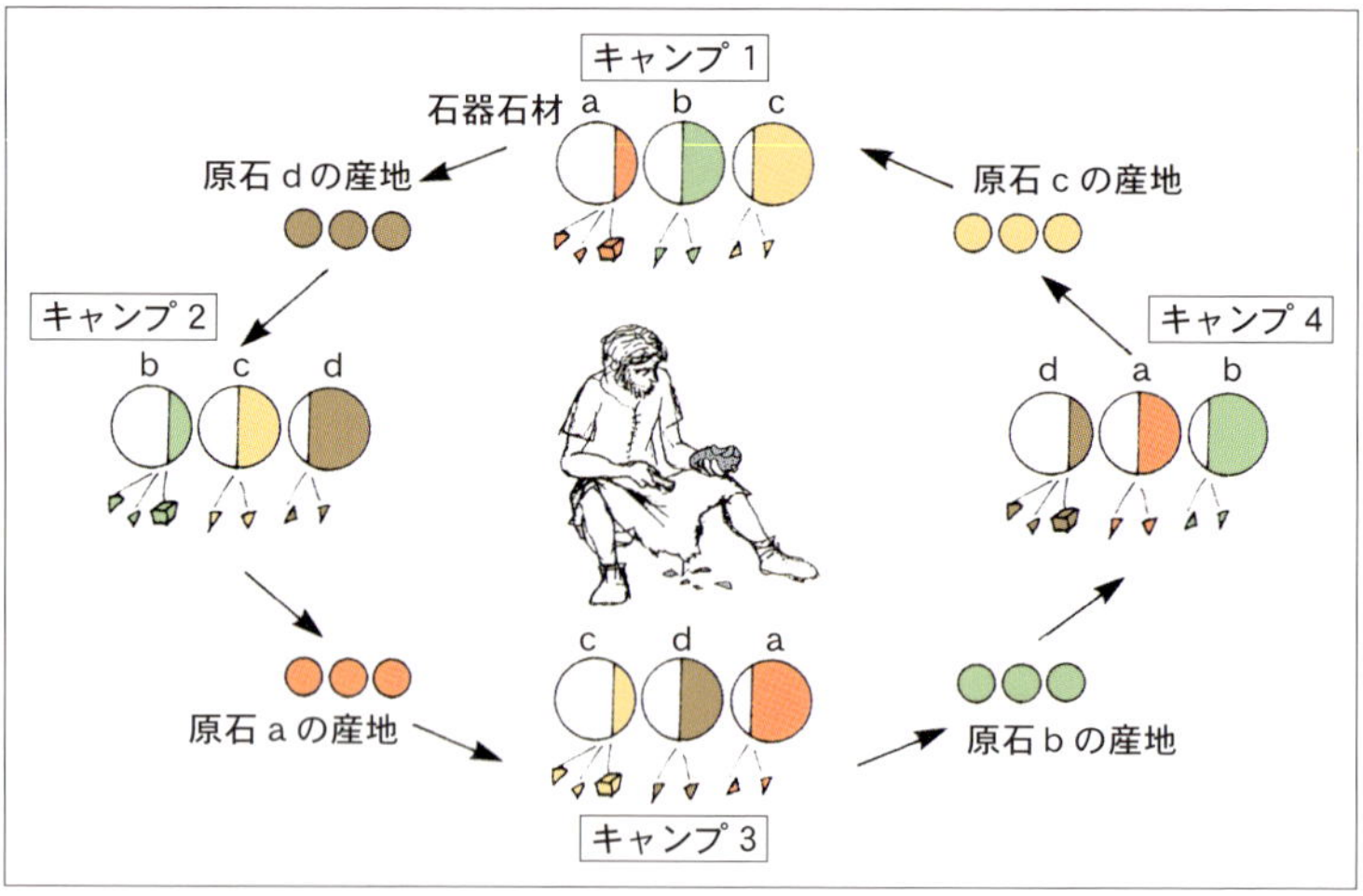

図 36 ● 遊動生活と石器づくりの循環
旧石器人の石器づくりでは原石（石核）を１つずつ使い潰すのではなく、数個から十数個の石核で並行して石器製作をおこなった。おおざっぱな目安だが、１つの原石は３～４カ所のキャンプを移動する間に使いきったらしい。使用済みの石核はそこへ捨て、廃棄した石核分だけ新しい原石を補給した。この模式的なサイクルは、石材原産地の遠近等でさまざまに変化したようだ。

シリーズ「遺跡を学ぶ」

A5判96頁オールカラー
各1500円＋税

◎第Ⅰ期［全31冊］

セット函入46500円＋税

01 北辺の海の民・モヨロ貝塚
六世紀に、北の大陸からオホーツク海沿岸にやって来た海の民の文化。
米村　衛

02 天下布武の城・安土城
織田信長が建てた特異な城として、数多く描かれてきた安土城の真実。
木戸雅寿

03 古墳時代の地域社会復元・三ツ寺Ⅰ遺跡
首長の館跡や古墳、水田経営の跡、渡来人の遺物から地域社会を復元。
若狭　徹

04 原始集落を掘る・尖石遺跡
八ヶ岳西南麓に栄えた縄文集落と、その保存に賭けた宮坂英弌の軌跡。
勅使河原　彰

05 世界をリードした磁器窯・肥前窯
一七世紀後半ヨーロッパにも輸出された製品とその技術・流通の実態。
大橋康二

06 五千年におよぶムラ・平出遺跡
縄文から古墳・平安へと、連綿と営まれてきた集落と人びとの暮らし。
小林康男

07 豊饒の海の縄文文化・曽畑貝塚
干潟の豊富な魚介類を糧に有明海沿岸に栄え、東シナ海に広がる文化。
木﨑康弘

08 未盗掘石室の発見・雪野山古墳
三角縁神獣鏡など豊富な副葬品からみた古墳時代前期の地域首長の姿。
佐々木憲一

09 氷河期を生き抜いた狩人・矢出川遺跡
氷河期末、野辺山高原にやって来た狩人達の移動生活とその適応戦略。
堤　隆

10 描かれた黄泉の世界・王塚古墳
石室内を埋めつくす複雑で、色彩豊かな図文は何を意味しているのか。
柳沢一男

11 江戸のミクロコスモス・加賀藩江戸屋敷
能舞台・庭園・便所跡や、大皿、徳利・玩具等の遺物からみた小宇宙。
追川吉生

12 北の黒曜石の道・白滝遺跡群
産地の石器生産システムと、シベリアにおよぶ北の物流ネットワーク。
木村英明

13 古代祭祀とシルクロードの終着地・沖ノ島
玄界灘の孤島にある岩上・岩陰の神殿におかれた貴重な奉献品の数々。
弓場紀知

14 黒潮を渡った黒曜石・見高段間遺跡
神津島から黒潮を渡って黒曜石を運び、南関東一円に流通させた拠点。
池谷信之

15 縄文のイエとムラの風景・御所野遺跡
焼失住居から土屋根住居を復原し、縄文ムラと風景をよみがえらせる。
高田和徳

16 鉄剣銘一一五文字の謎に迫る・埼玉古墳群
世紀の大発見といわれた、稲荷山古墳出土の鉄剣銘文が語る被葬者達。
高橋一夫

17 石にこめた縄文人の祈り・大湯環状列石
二つのストーンサークルと配石遺構からみえる、縄文人の祈りの空間。
秋元信夫

18 土器製塩の島・喜兵衛島製塩遺跡と古墳
瀬戸内海の無人島の古墳群と、浜辺の多量の土器片からみた塩民の姿。
近藤義郎

19 縄文の社会構造をのぞく・姥山貝塚
埋葬人骨の考古学的検討から縄文人の家族や集団、社会構造にせまる。
堀越正行

20 大仏造立の都・紫香楽宮
恭仁京、難波京、紫香楽宮へと彷徨する聖武天皇と、大仏造立の意味。
小笠原好彦

21 律令国家の対蝦夷政策・相馬の製鉄遺跡群
大量の武器・農耕具・仏具を生産し律令国家の東北支配拡大を支えた。
飯村　均

別の石材産地にいたる、といった石器づくりの循環が見事に刻みこまれている（図36）。ただし、O文化層に実際にのこされた痕跡は、その循環の一コマである。一コマから全体の循環を推測しうるところに、O文化層旧石器人がひんぱんな移動生活（遊動生活）をおくっていたらしいと想像する根拠がある。

たぶん一〇人前後の構成員であったろうか。R文化層で環状の集落をいとなんでいた人びとよりも、かなり小さな規模で機動的な集団だったのではあるまいか。

では、恩原に居住した旧石器時代小集団の遊動は、具体的にどのような経路でおこなわれたのだろうか。時期が一段階新しい恩原1・2遺跡S文化層の資料を手がかりに、石器石材とのかかわりで集団の移動のあり方を追跡してみよう。

2　遊動の軌跡を追う

生活域とアトリエ

恩原1遺跡のS文化層（図8参照）は石器総数五一二点である。おもな器種は、ナイフ形石器三二点、スクレイパー一九点、石核五三点などである。石器石材では、安山岩二六一点、玉髄一三五点、水晶一〇〇点の三種が全体の九七パーセントを占める。ほかに微量の黒曜石、瑪《め》瑙《のう》、凝灰岩などがともなう。

遺跡では、石器類がA・B・C・Dの四つの分布域にまとまるが、主発掘区の南寄りに多く、石器分布の中心は南側の未発掘区にあるらしい（図37）。

恩原2遺跡のS文化層は石器類総数一三六五点である。恩原1遺跡よりもかなり多い。ナイフ形石器七一点、スクレイパー一五点、石刃九点、石核六一点などの器種を含む。石器石材では、安山岩五五七点、玉髄四七一点、黒曜石一五四点、水晶一三三点の四種が全体の九六パーセントを占める。発掘面積が狭く、文化層のごく一部を調査したにすぎないが、台地西縁寄りのW分布域と台地中央部のE分布域を確認している。

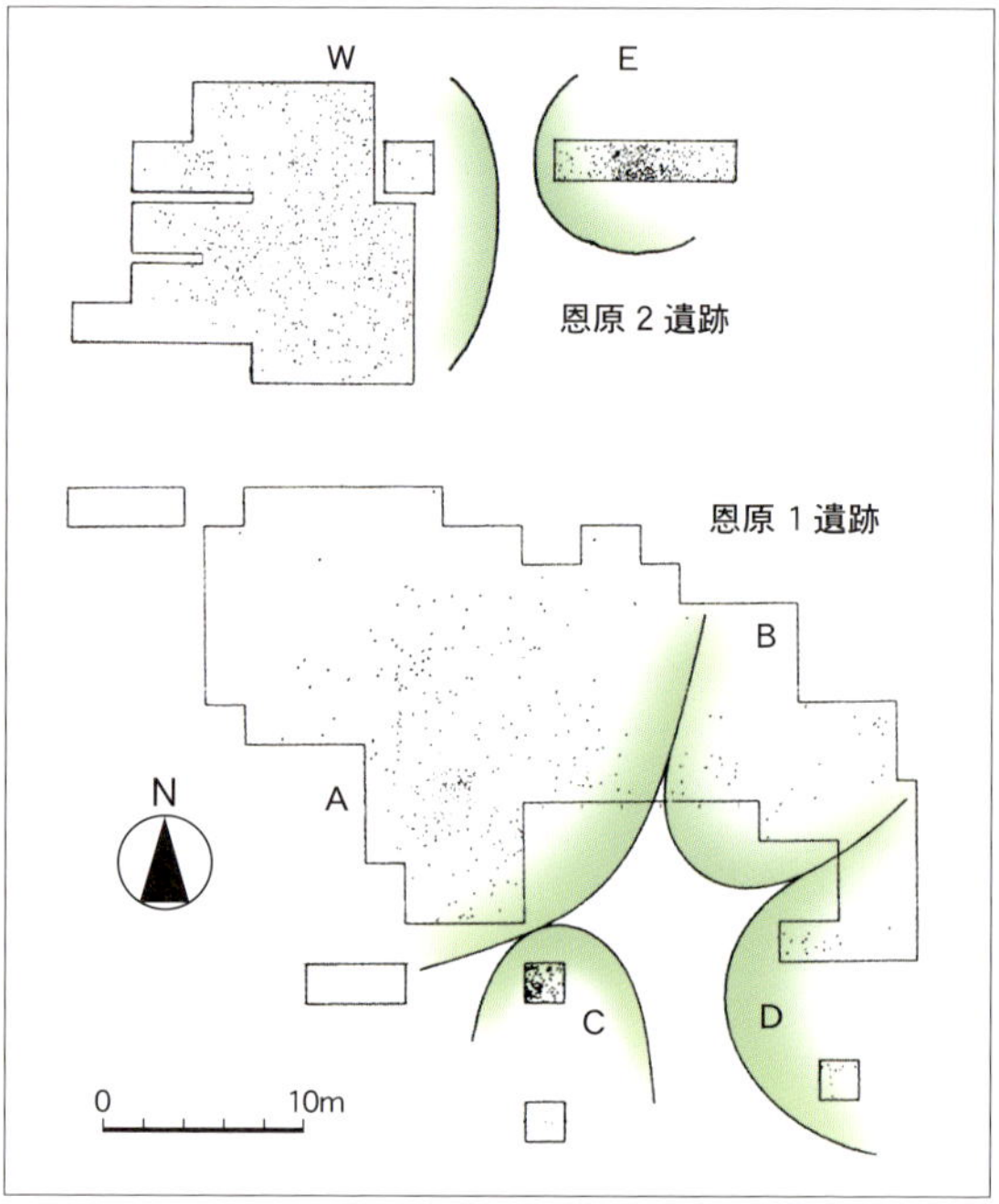

図 37 ● 恩原 1・2 遺跡 S 文化層の石器分布
器種をより多く含む広く散漫な石器分布域（生活域）と石屑が局所に集中する分布域（アトリエ）がある点で、両遺跡はよく共通する。

図 38 ● 礫と石器の分布
恩原 2 遺跡 S 文化層の礫には配石といってよいほど大型な礫も含まれる。中央右よりの細長い石片がナイフ形石器。

両遺跡の間では、S文化層石器類の分布のあり方でよく似た面がある。石器類が広く散漫に分布する場所と、狭い範囲に密集する場所とがあるのだ。前者は、安山岩やその他石材の石器製品が比較的多く含まれるから、種々の生活域と考えられる（図38）。後者は玉髄の製作屑が密集するので石器製作の場、つまりアトリエらしい。

恩原1遺跡ではC分布域が、恩原2遺跡ではE分布域が、それぞれアトリエにあたる（図39）。O文化層の石器類分布にも共通するあり方だが、S文化層では生活域の石器数がずっと多く、分布範囲の大きいのが相違点だ。

両遺跡S文化層の間で直接接合する石器はない。しかし、同一集団が恩原と他地域との間で回帰遊動をくりかえし、あるときは恩原第1遺跡へ、ほかのときは恩原第2遺跡へ、といったふうに居住した結果、同じようなパターンの生活痕跡がのこされたようにみえる。両遺跡には石器とともに拳大から人頭大の

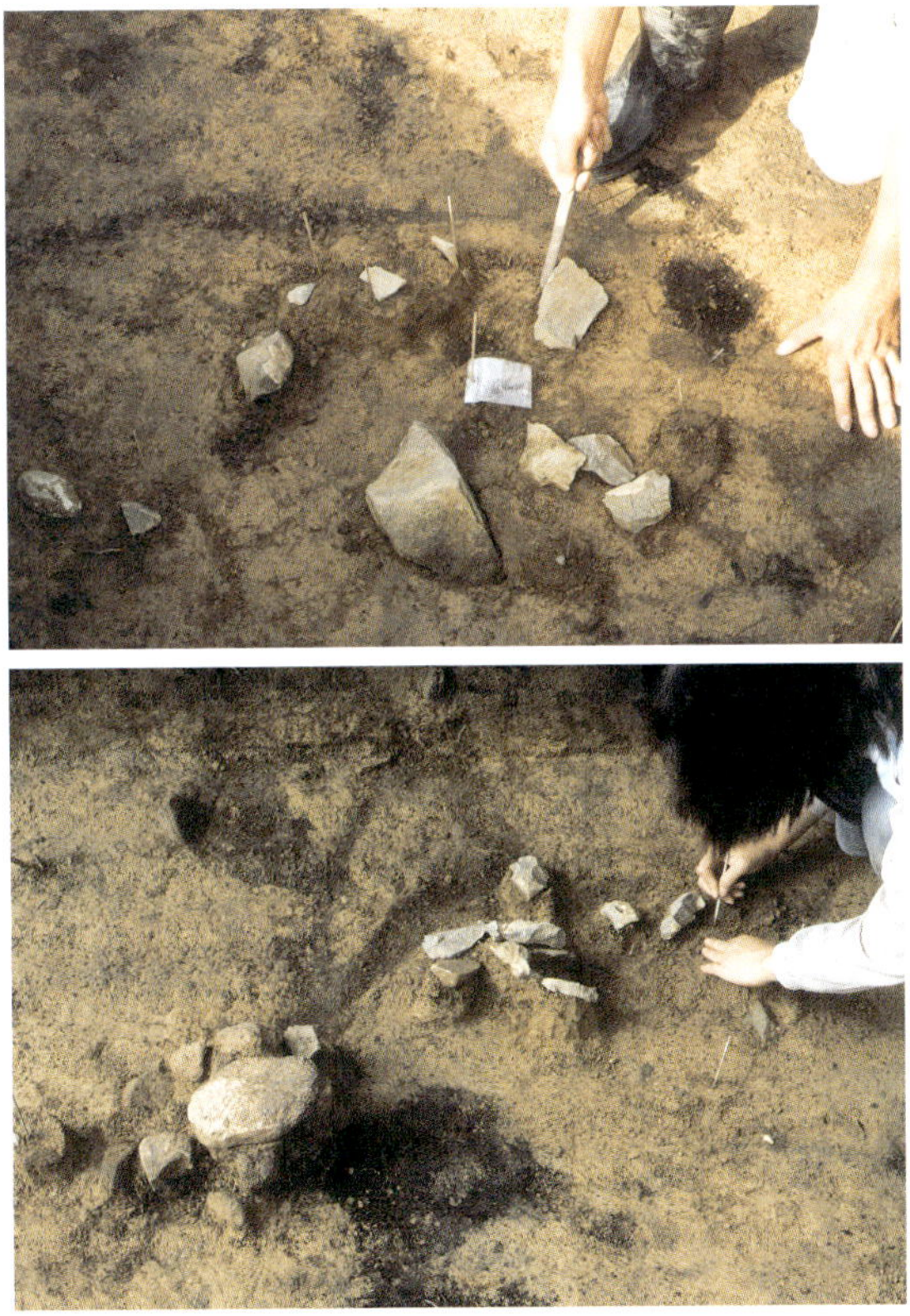

図39●アトリエにのこされた石器類
恩原1遺跡（上）と恩原2遺跡（下）のS文化層石器製作域の石器。石器は順次とりあげるので、写真では密集状態がわからない。

礫も多く含まれ、石器類と同様、全体が散漫な分布傾向にあることでも類似する。

生活域がひろくてその石器内容が充実していながら石器製作が局所的だと、O文化層のような小集団全体の移動による石材採取のほかに、もう少し別の石材搬入方法が推定できるかもしれない。やや規模の大きい集団の本体が恩原からあまり動かないまま、数人の構成員のみを遠隔地の石材原産地へ派遣するというやり方だ。両遺跡S文化層の石器類がそれぞれ一集団の生活痕跡かどうかまだ十分検証されていないので、ここではS文化層の石器石材採取には集団全体の移動と一部構成員の派遣との両方の可能性があったとして話を進めたい。

石器類は六群に分かれる

資料数が多い恩原2遺跡S文化層石器群の内容をもう少しくわしくみてみよう。この石器群は、石器類の型式的な特徴と石材のちがいから、つぎの六グループに分けられる（図40）。

第1群　安山岩（サヌカイトなどの硬質安山岩）製で、横長剝片素材のナイフ形石器や剝片素材の板状石核を転用したスクレイパーなどを含む。サヌカイトは香川県坂出市周辺に原産地があり、石器類の型式的な特徴も瀬戸内地域の旧石器文化に類似する。

第2群　玉髄製で、縦長剝片（石刃）・横長剝片を剝離するが、明確な器種は少ない。玉髄は島根県松江市の花仙山《かせんざん》が原産地である。

第3群　黒曜石製で、石刃とナイフ形石器を含む。黒曜石は隠岐産と推定される。

第4群　水晶製で、ナイフ形石器を含むが文化的な系譜は不明。

◀図40 ● S文化層の石器
恩原2遺跡S文化層の石器（上）は、型式・石材・技術的特徴などで6群に分かれる。第1群〜第3群が遠隔地石材、第4群・第5群が在地石材の石器。第6群（上の最下段と下の右3点）は、明白な国府型ナイフ形石器を含み、他とは時期が異なる。下の左2点は第1群のナイフ形石器。

第1群 (498点) 安山岩	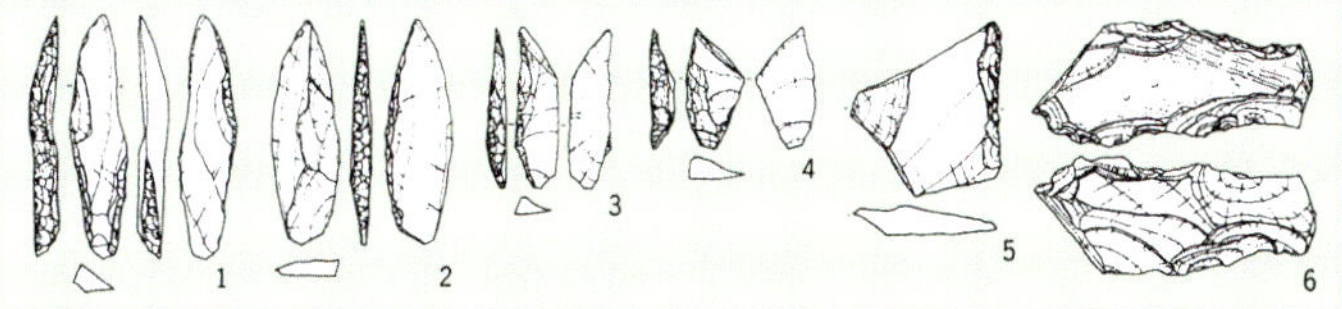
第2群 (471点) 玉髄	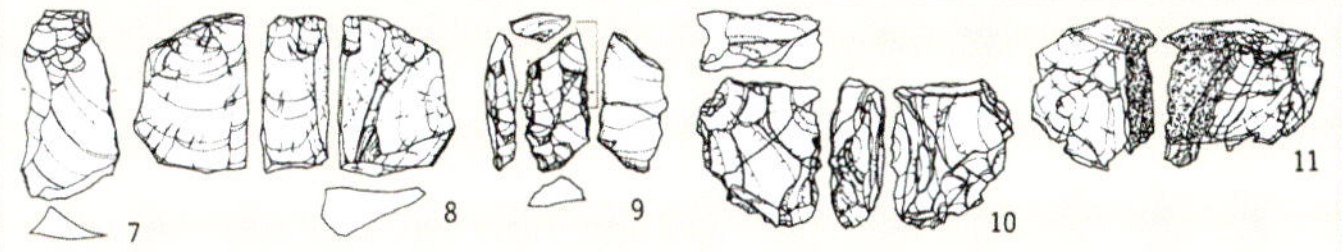
第3群 (152点) 黒曜石	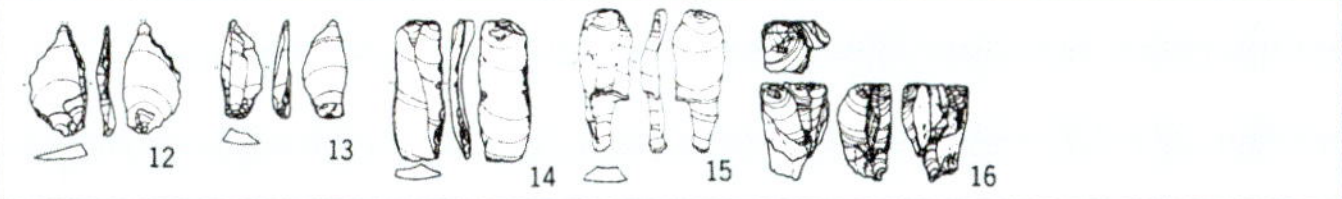
第4群 (132点)	
第5群 (59点)	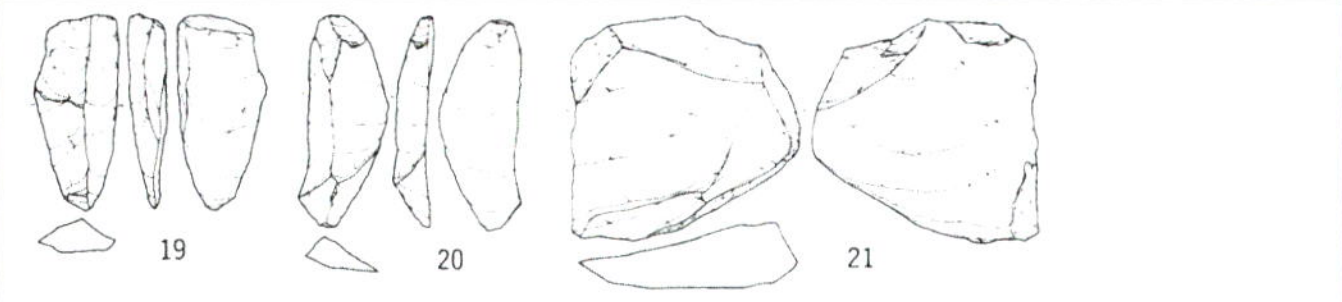
第6群 (4点)	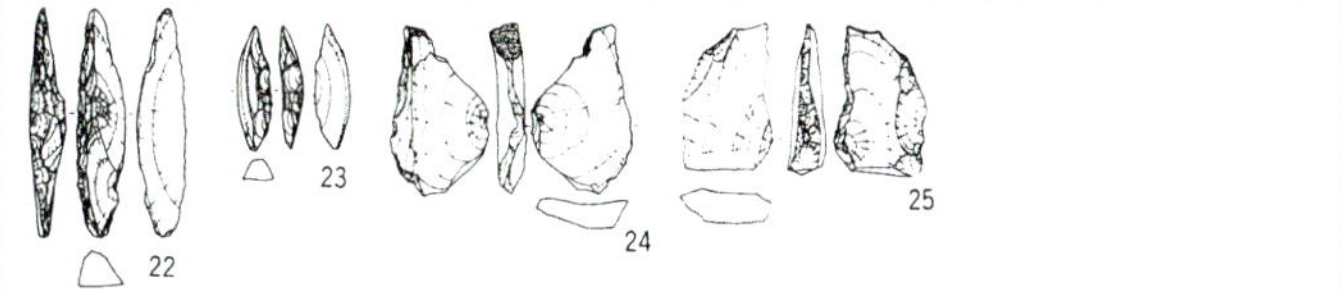

第5群　粗粒安山岩製で、分厚い大型の縦長・横長剝片を剝離し、器種は不明。
第6群　凝灰岩・黒曜石製の瀬戸内技法石器群で、国府《こう》型ナイフ形石器を含む。
遠隔地石材を含み、集団の移動の議論とかかわってくるのはおもに第1・2・3群である。第4・5群は恩原周辺の在地産石材を用いた石器群だから、ここではくわしくふれない。水晶や粗粒安山岩は、細かな剝片石器の製作にかならずしも最適な石材というわけではない。ほかになければ使わざるをえないが、だからこそ第1・2・3群の石材が求められたのである。
最後の第6群は、瀬戸内技法でつくられたわずか五点の特異なグループで、第5群までとは時期が異なる可能性がたかいので、ここでは以下の話から除外しておく。

隠岐・花仙山・備讃瀬戸との往来

さて、石器石材からすると、恩原2遺跡S文化層第1〜5群の旧石器人は、少なくとも備讃《びさん》瀬戸《せと》地域、松江市の花仙山、隠岐という三つの遠隔地とかかわりをもった（図41・42）。

寒冷気候で海水面が低下しており、瀬戸内海も、島根半島から隠岐までの古隠岐平原も陸化していた。石器類の量では第1群が多いので、とりわけ瀬戸内地域との関係が深かったらしい。現在の瀬戸大橋ができる前、香川県教育委員会が建設予定地の櫃石島《ひついしじま》、羽佐島《わさじま》、与島《よしま》などを発掘調査し膨大な量のサヌカイト製の石器が出土した。そのなかに山陰ないし中国山地からもたらされた黒曜石製のナイフ形石器、つまり恩原2遺跡第3群の石器類が含まれていたのである。

山陰・中国山地からサヌカイトを採取しにやってきた集団が、新しい石材を入手したあと、携えてきた古い石器を廃棄したのだろう。中国山地から人間がやってきたことを示す重要な証拠だ。

瀬戸内の人間が中国山地・山陰へ出かけ、そこで入手した石器をもち帰ったのではないか。瀬戸内の人間が、交換で間接的に石器のみを入手したのではないか。そんな可能性も考えられないわけではない。理屈のうえではそうだ。ただ、瀬戸内の集団には、地元にサヌカイトがいくらでもある。長い旅をしたり、交換物を支払って無理に遠方の石材を獲得する必要がどれほどあるだろうか。サヌカイトだけで十分生活は成り立っていた。瀬戸内では、ほとんどサヌカイトだけの遺跡があくまでも普通なのだ。良質の石器石材に欠ける中国山地の集団こそがサヌカイトの獲得を望んだのだから、彼らが瀬戸内へ採取にやってきたとまず想定してみるのが理にかなっている。

隠岐の黒曜石産地遺跡や花仙山周辺の玉髄産地遺跡では、逆に、中国山地旧石器人が瀬戸内風のサヌカイト製石器をのこした可能性も考えられる。旧石器時代遺跡の発掘がまだ十分進んでいないので、そうした遺跡の検証

図41 ● 隠岐の黒曜石産地
広島大学・竹広文明氏の調査成果によれば、隠岐道後の北端にある久美では火砕流中に黒曜石原石が含まれ（左）、付近で彫器を採集したという。また、久美の海岸でも小さな黒曜石円礫がみられる（右）。

はなおこれからの課題だ。だが、良好な石器石材環境に恵まれない中国山地の旧石器集団が、中間地点に位置するという地の利を生かし、山陽と山陰の石器石材や製作技術を仲介した可能性は十分ありうることだ。

では、恩原旧石器人はどの道を通って山陽・山陰を移動したのか。

図 42 ● **サヌカイト原石の産地と大規模遺跡**
香川県坂出市周辺には金山山麓（上の手前の池）など多くのサヌカイト産地が分布し、瀬戸大橋の架かる島嶼部（下）ではその事前発掘調査で大量の旧石器時代サヌカイト石器が出土した。

3　東西・南北の交通路

東西の尾根筋交通路

ＡＴ火山灰が降下する以前、中国山地にはその尾根筋をたどる道があり、それが旧石器時代の幹線交通路の一つであったらしい（図43）。中国山地尾根筋にそって、ＡＴ火山灰層に埋もれた遺跡が点々と発見されるのだ。東端には、鳥取・兵庫県境の扇ノ山《おおぎのせん》付近に上《うえ》の山《やま》遺跡と畑《はた》ケ《が》平《なる》遺跡がある（図44左）。その西が恩原1・2遺跡のR文化層である。恩原遺跡群まで間隔は大きいが、その間は未調査地域。恩原から西は、岡山県津黒高原周辺の遺跡群、蒜山高原の遺跡群（図44右）、野原高原の遺跡群と、一〇～三〇キロほどの間隔で連続する。中国山地尾根筋にそった遺跡は島根・広島県境にもあって、山口県境の冠《かんむり》高原までつづく。

各遺跡のAT火山灰層下の石器群は、縦長剥片素材のナイフ形石器や台形石器を含み、おおむね関東・中部地方から九州までつながる文化が伝播する道であったと考えてよい。もちろん日本海側の沿岸地域には、東西の石器文化をつなぐ大動脈があったはずだ。北陸から東北地方までのびる列島規模の幹線交通路だ。中国山地尾根筋交通路は、日本海沿岸幹線交通路から現在の鳥取・兵庫県境あたりで南へ枝分かれした支線と推定できよう。

なぜ、尾根筋交通路なのか。少し歩いてみると、

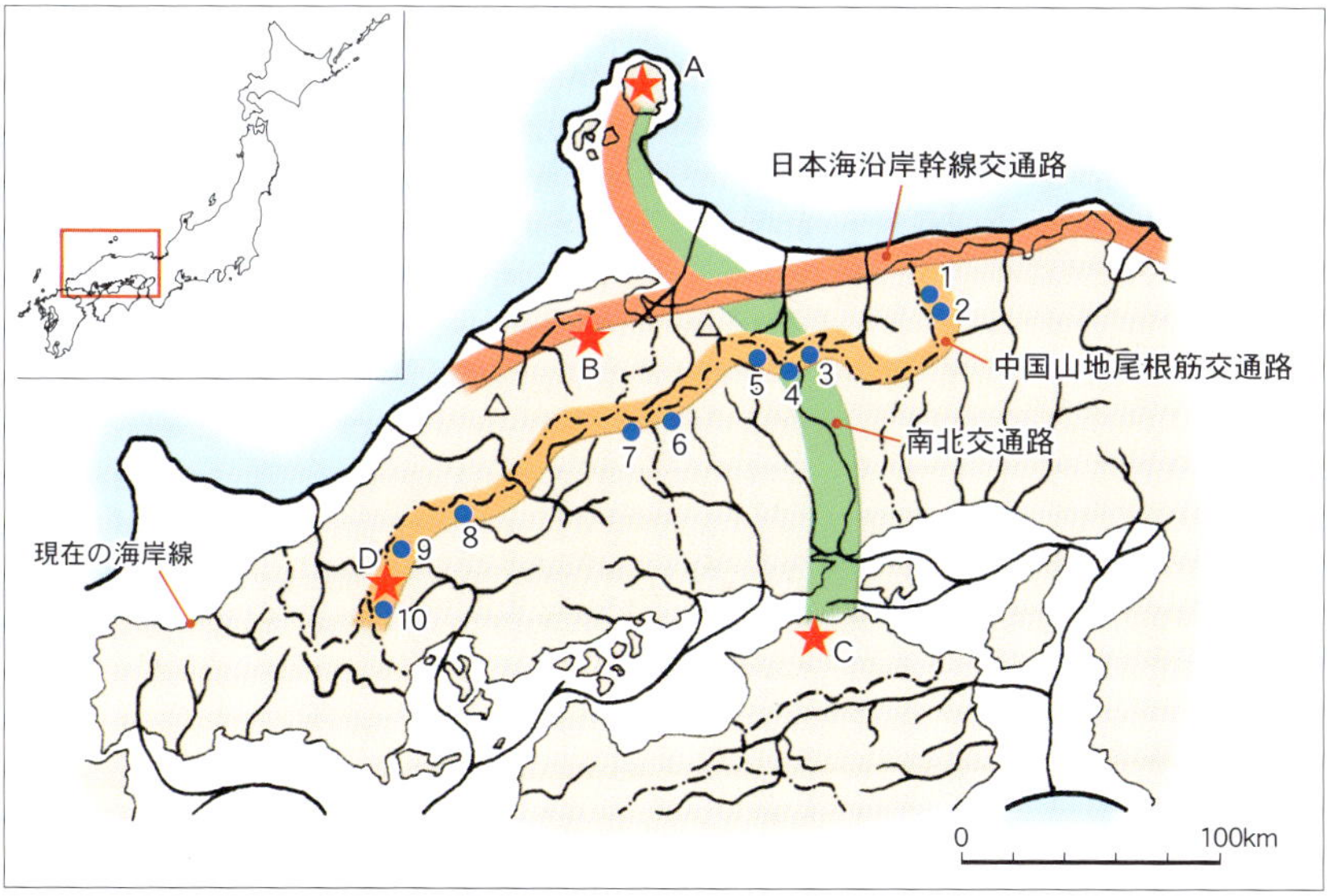

図43 ● 中国地方旧石器時代の交通路
旧石器時代の前半期には東西交通路が発達し、後半期には南北交通路の往来もさかんになった。A：隠岐の黒曜石産地、B：花仙山の玉髄・瑪瑙産地、C：坂出市周辺サヌカイト産地、D：冠高原の安山岩産地。1：上の山、2：畑ヶ平、3：恩原、4：フコウ原、5：蒜山原の中山西・下長田、6：野原早風A、7：三坂、8：地宗寺、9：樽床、10：冠山の各遺跡。

その理由がわかる。鳥取県と島根県をかこむ兵庫・岡山・広島県境が中国山地尾根筋なのだが、たいていの県境は地形が鳥取県と島根県の側へ急傾斜で落ちる。大山のような火山の例外をのぞけば、日本海側にあまり高い山はないから尾根筋からの眺望がきわめてよいのである。

しかし、高低差の大きい尾根筋は歩きにくい。何を好んで旧石器人はこんな道を往来したのか。深い谷へ迷い込んで道を見失わないため、というだけでは説明が不足だろう。

尾根筋の南側、山陽側は傾斜が比較的ゆるやかである。でこぼこの山塊・丘陵が少しずつ低くなりながら南方へつらなる。尾根筋直下に高原がひろがるところも少なくない。そうしたところに現代の貯水池やスキー場の開発がおよんで、旧石器時代遺跡が発見されるのである。尾根筋に沿ってこうした高原が一

図 44 ● 中国山地尾根筋の遺跡
扇山山頂付近の畑ヶ平遺跡（左上）は標高 1000m をこえ、AT 火山灰層下から石器が出土した。人列上方が遺跡で、後方に扇山山頂がみえる。上の山遺跡（左下）からは、後方稜線上の畑ヶ平遺跡を遠望できる。これら遺跡の発見は高松龍暉氏による踏査の成果だった。蒜山の下長田遺跡の発掘調査（右）は古代吉備文化財センターの平井勝氏らが担当した。

〇〜三〇キロおきに点在することがわかっていれば、旧石器人にとってはキャンプの移動に好都合だ。水があり、動物も集まっていただろう。中国山地尾根筋交通路は、眺望のよさとキャンプ地確保の有利さとによって東西方向の幹線交通路となったにちがいない。

南北の谷筋交通路

ＡＴ火山灰降下期以後になると、今度は、むしろ南北交通路が発達する。恩原１・２遺跡のＳ文化層が示すように、瀬戸内地域と山陰地方を結ぶ南北交通路である。川筋が主要な通り道となった。河床または川にそった平地や丘陵地が道になっただろう。

南北交通路は、すでにＡＴ火山灰降下期以前からいくらかはひらけていたらしい。恩原１遺跡Ｒ文化層のように、中国山地には瀬戸内からサヌカイトを搬入した遺跡が点々とあるからだ。しかしそのサヌカイトの比率はけっしてたかくない。ＡＴ火山灰降下期以前の遺跡では、恩原１遺跡Ｒ下層文化層のように、たいてい在地産の水晶を多用していた。恩原１遺跡Ｒ上層文化層におけるサヌカイトの多量さがむしろ例外なのだ。

恩原１・２遺跡から東へ一キロほど歩くと、国道四八二号線の辰巳峠へ出る。県境をなす峠のむこうは佐治川《さじがわ》の深い谷になる。鳥取市へ流れる千代川《せんだいがわ》の支流である。あるいは恩原高原よりも西方、国道一七九号線で人形峠を越えると、倉吉市で日本海へそそぐ天神川《てんじんがわ》の支流にとりつく。現在の国道一七九号線はトンネルで通過するが、旧道をたどれば人形峠へのぼりつく。辰巳峠も人形峠も、旧石器時代の東西交通路と南北交通路の交差点にあたっていたのだろう。

第4章　植民する人びと

1　北からやってきた植民集団

湧別技法細石刃石器群の発見

一九八五年六月八日、旧上斎原村教育員会で第二次発掘調査の打ち合わせを終えたあと、恩原1遺跡へ立ち寄ってみた。恩原遺跡群ではじめて湧別《ゆうべつ》技法《ぎほう》の細石核《さいせきかく》を発見したのは、このときだった。

台地東縁の斜面にかかるところで、あめ色の瑪瑙塊が雨にぬれていた。手にしてみると、どこからみても北海道や東北地方日本海側で発達した湧別技法製の楔形《くさびがた》細石核である（図45・46）。あるいは細身の船体形《せんたいがた》といってもよい。当時、北東日本の細石核は楔形、南西日本は円錐形ないし角柱形だという考えが定説化していたから、まったく意表をつかれる発見だった。

これもあって、夏の発掘への期待がいちだんとふくらんだ。ところがまた意外なことに、その夏の第二次発掘で湧別技法細石刃石器群がまとまって出土したのは恩原2遺跡のほうだった。石器類総数は四三一点。細石刃が計五六点出土した。細石刃は長さ二～三センチ、幅五～七ミリ、厚さ二～三ミリほどのごくごく小さな石器である。基部《きぶ》と先端を折りとって中央部を骨《こつ》製槍先《せいやりさき》などの側縁にとり付けて刃とする。槍先そのものは有機物だったらしくのこっていないが、シベリアなどに出土例がある。

細石刃は、船体形細石核の船首ないし船尾の部分を甲板面から叩いて剥離する。この細石核自体はまず楕円形ないし木葉形の断面レンズ状の両面調整体としてつくられ、その一長側縁にそって削片を数枚剥ぎとり、甲板面をもつ船体形に仕上げる（図46a）。

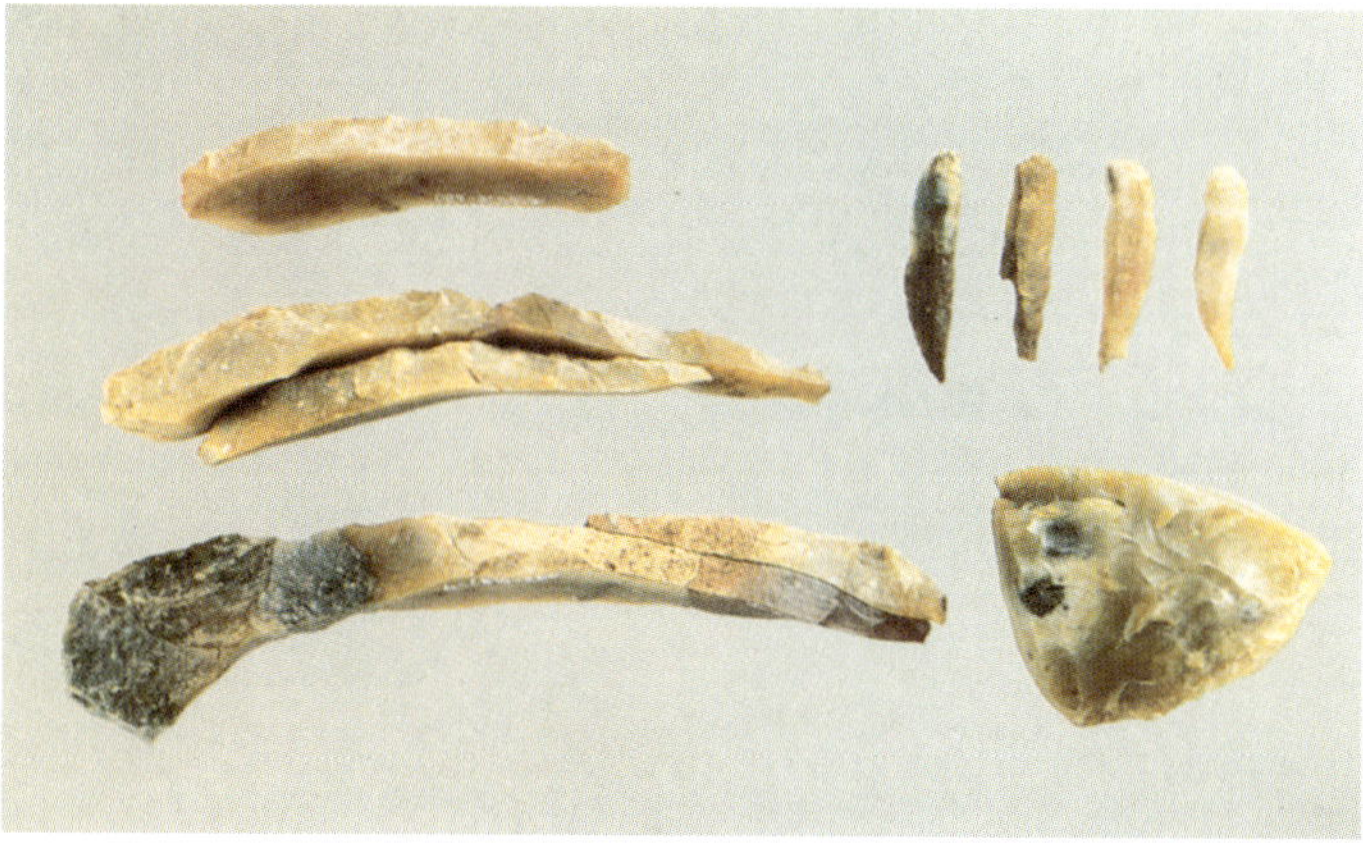

図 45 ●恩原 1・2 遺跡 M 文化層の石器

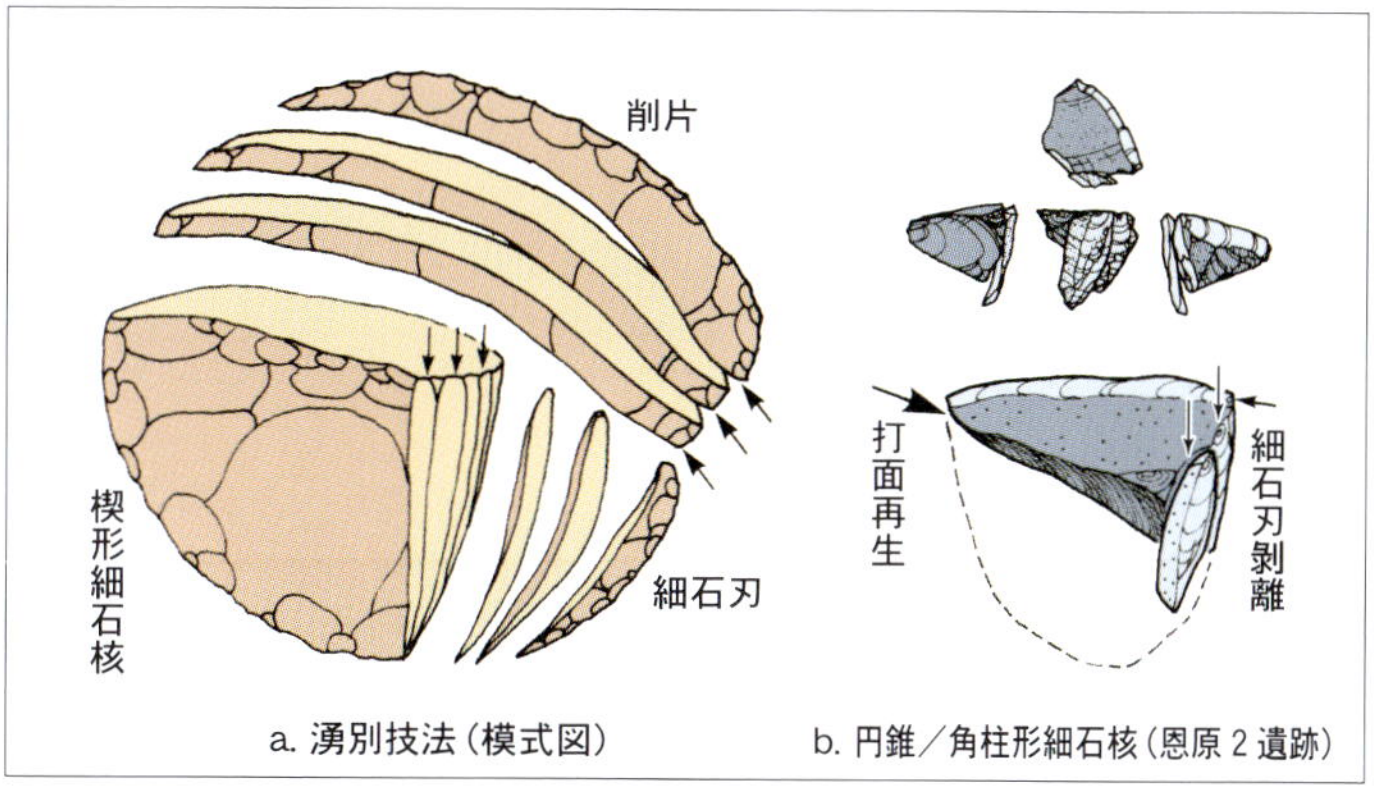

図 46 ●細石刃剥離技術の模式図
a は純粋な模式図だが、b は恩原 2 遺跡出土の打面再生剥片・細石刃接合資料に基づく復原図。

こうして手間をかけて石核をつくるのは、目的とする細石刃の形を規格化するためである。これが湧別技法だ。恩原2遺跡からは、細石核四点と削片一四点、およびそれに関連する製作屑が多数出土した。

その後、恩原1遺跡でも、最初の地表採集資料発見地点付近で、総数三〇二点の湧別技法細石刃石器群を確認した。地表採集の石核一点のほか、細石刃五〇点、削片一八点が含まれていた。両遺跡には多数の石器製作屑があり、石器接合資料も豊富である。もはや、恩原の地に湧別技法を駆使する人間が住みついていたことはまちがいのない事実となった。

植民集団の南下

北東日本の細石刃文化では彫器《ちょうき》と掻器《そうき》がよく発達した。彫器というのは木版画の彫刻刀のような刃で、骨や角を加工する道具である。使用痕から別の用途を推定する説もある。掻器は剝片の一端に調整加工をほどこして厚い刃をつくり、皮なめしなどの作業に用いる。

なかでも新潟県荒屋《あらや》遺跡の名をとった荒屋型彫器と、山形県角二山《かくにやま》遺跡にちなむ角二山型掻器が、湧別技法細石刃石器群を特徴づける道具だ。恩原2遺跡には彫器が六点あり、そのうち四点が荒屋型だった。恩原1遺跡には彫器三点と角二山型掻器一点が含まれていた（図47）。このほか、両遺跡には大型のスクレイパーも多い。

石器の型式的な特徴、石器を製作する技術、生活用具の器種構成の三つが、北東日本の湧別技法細石刃石器群とぴったり一致する。これではもう、石器文化だけの波及だとか、中国山地の人間が異郷の石器製作を模倣した、とかいった説明では解釈しきれない。北東日本から人間集団がやってきた、と考えるしかあるまい。

東北地方日本海側から中国山地へ人間が移動するとすれば、さきの日本海沿岸幹線交通路をたどったはずだ。細石刃文化より以前のナイフ形石器文化期、瀬戸内技法をもった瀬戸内の旧石器人が東北地方まで北上したことを推測させる石器群が、山形県鶴岡市の越中山《えっちゅうやま》K遺跡で発見されている。南下した細石刃集団はたぶんそれと逆のコースをたどったのだろう（図48）。

だが、新潟県以西の北陸地方・近畿地方の日本海側に、湧別技法細石刃石器群の遺跡はほとんどみられない。それらしい断片的な資料がいくらか点在する程度だ。つまり、湧別技法細石刃文化はムラからムラへ、集団から集団へ伝えられて中国山地までゆっくりと波及したのではない。短期間で、一足跳びに到達したのである。人間の長距離移動を想定するしかないだろう。五〇〇キロか、それ以上の距離になる。そう簡単に引き返せる距

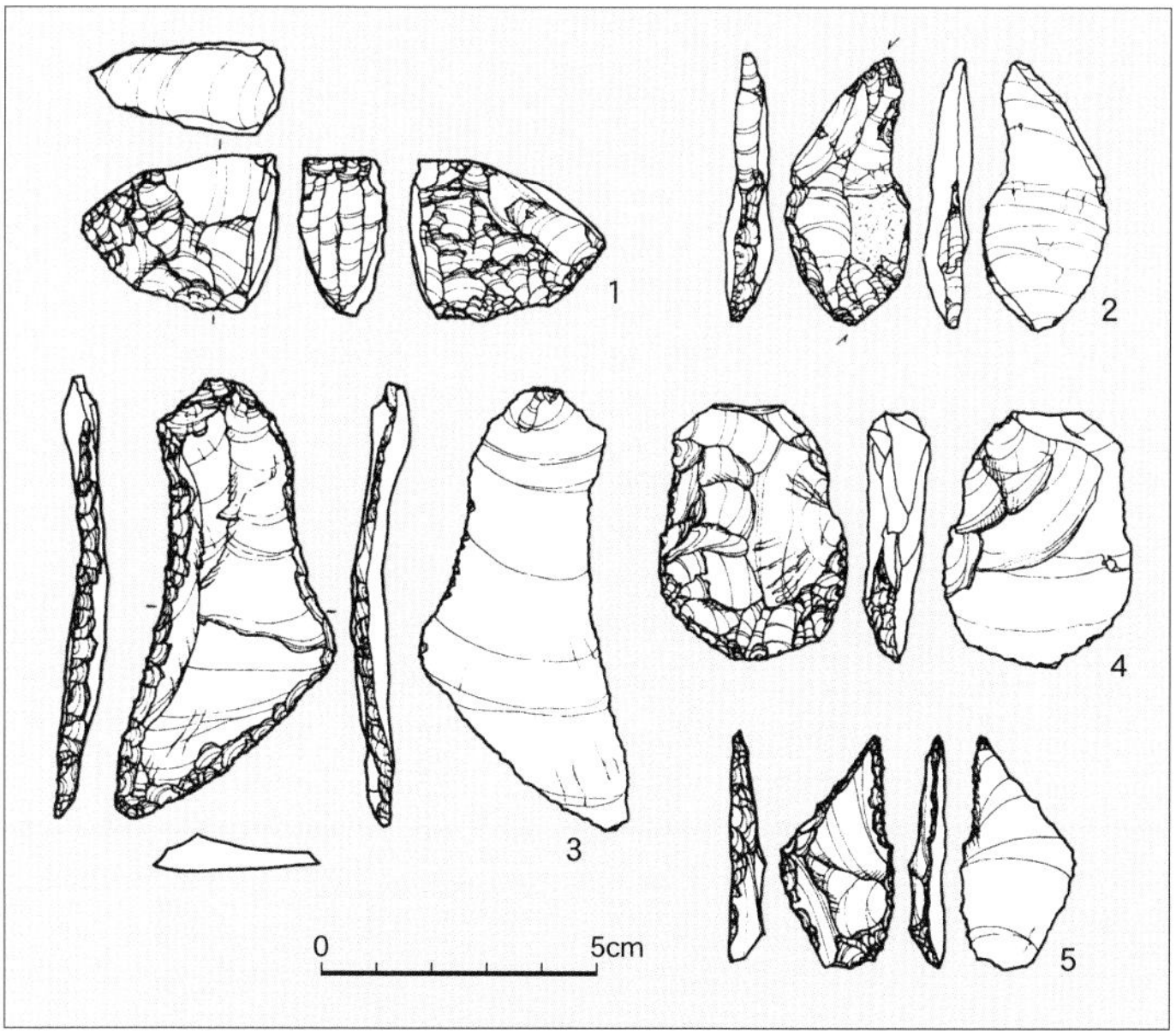

図47 ●恩原1・2遺跡M文化層の器種
1：細石核、2：荒屋型彫器、3：スクレイパー、4：角二山型掻器、
5：周辺加工尖頭器（錐）。2のみが恩原2遺跡出土。

離でないし、しょっちゅう往来できる道のりでもない。

湧別技法細石刃石器群をもった東北地方日本海側のある集団は、故郷の遊動領域をすて、山陰・中国山地の新天地をめざして植民したのである。

遊動と植民のちがい

遊動と植民は、考古資料のうえでどのように区別できるだろうか。東北地方日本海側の湧別技法集団を例にとろう。

彼らの本拠地の石器石材は良質な珪質頁岩《けいしつけつがん》である。彼らはときどき関東地方へ移動した。茨城県・群馬県・埼玉県・千葉県といった地域に湧別技法細石刃石器群が点々とみられるのである。それらの遺跡では、たいてい石器石材の八割以上を珪質頁岩が占めている。本拠地の石器石材が枯渇しないうちに、また本拠地へ戻った集団の遺跡だろう。こんな短期の移動が「遊動」である。定期的に東北地方・

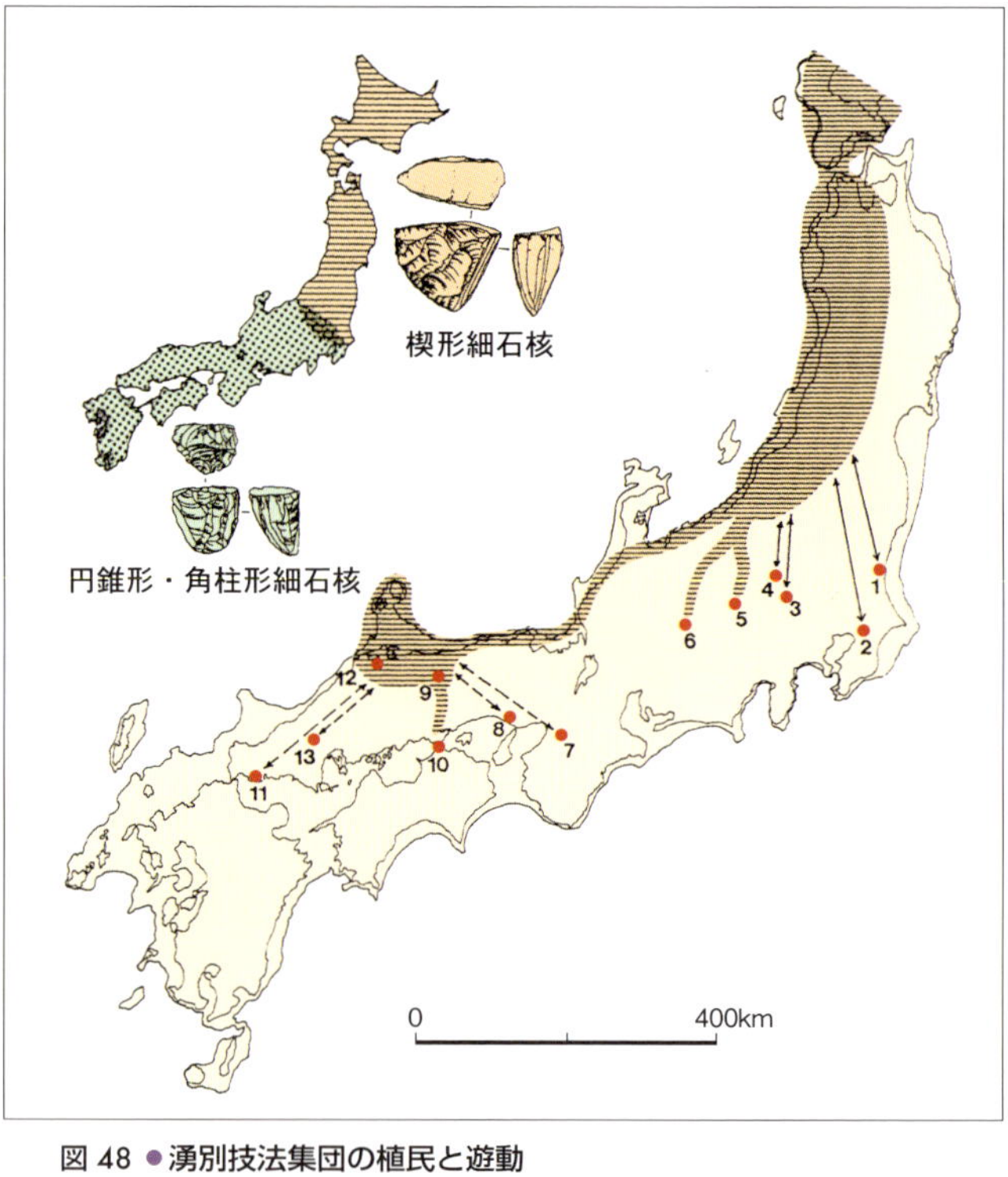

図 48 ● 湧別技法集団の植民と遊動
細石刃文化期の列島は２つの文化圏に分かれていた（左上図）が、北東日本の湧別技法集団の一部が山陰・中国山地へ植民をおこなった（右下図）。スクリントーンが植民の経路と領域で、実線・破線が遊動先の遺跡を示す。本文に関係するのは、5：中ッ原、6：柳又 A、7：誉田白鳥、8：南大塚、9：恩原、10：羽佐島、11：川津、12：花仙山周辺遺跡、13：冠山の各遺跡。

中部地方北半部と関東地方を往来していれば、「回帰遊動」ということになる。

東北地方日本海側の湧別技法集団は、中部地方南半部へも移動した。長野県柳又《やなぎまた》A遺跡・中ッ原《なかっぱら》1遺跡・中ッ原5遺跡ではチャート・黒曜石などの在地石材が九〇パーセント以上を占め、石材のほぼすべてが在地石材に置き換わってしまっている。つまり、中部地方南半部へ移住した湧別技法集団は、珪質頁岩地域との往来をやめてしまったのだ。住みついたわけだから、結果的に「植民」したことになる。

恩原1・2遺跡にも珪質頁岩に類似した石材がある。新潟県以北の珪質頁岩だという確証はない。北陸地方の可能性があるかもしれないが、中国山地・山陰の旧石器・縄文時代の在地石材にはほとんどみない良質石材である。仮にこれを東北ないし北陸の石材とみなすと、瑪瑙・玉髄・黒曜石といった山陰地方の石材は恩原1遺跡で九九・二パーセント、恩原2遺跡で九四パーセントとなる。長野県の場合と同じく、故郷の痕跡をわずかにのこしながら、石器石材はほとんど在地化してしまった姿といってよい。

植民集団と在地集団の出会い

湧別技法集団は、無人の山陰・中国山地へ入ってきたのだろうか。研究者がつくった編年にしたがえば、そうなりそうである。なぜかといえば、南関東では円錐形細石核の石器群が下層にあって、湧別技法の石器群は少し上層から出土する。南関東では時期がちがうのである。

しかし、それを全国標準とする根拠はない。たとえば山形県角二山遺跡では、典型的な湧別技法石器群に一点の円錐形細石核がともなっていた。恩原2遺跡M文化層にも、両者が同時共存したことを示す証拠がのこされている。

恩原2遺跡M文化層は、黒曜石製の細石核打面再生剝片一点を含む（図46b）。この資料は、円錐形細石核に関係する。円錐形細石核では、石刃石核の打面再生と同じく、目的とする細石刃の剝離で打面と作業面との角度が鈍角になると、細石核の頭部を横から輪切りにして打面の角度を修正する。輪切りでとられた剝片が打面再生剝片だ。

M文化層の打面再生剝片には、細石刃一点が接合した。再生剝片の一端にのこされた元の剝離作業面上で、打面と直交してくっつく。おまけにこの打面再生剝片には、細石刃剝離の作業面を転位した痕跡もみとめられた。打面再生と打面転位は、南西日本の円錐形細石核を顕著に特徴づける製作技法だ。

この二点が、後述する北側ブロックから湧別技法細石刃石器群と一体で出土したのである。共伴関係は疑いようがない。湧別技法集団が山陰へやってきてから恩原へたどり着くまで

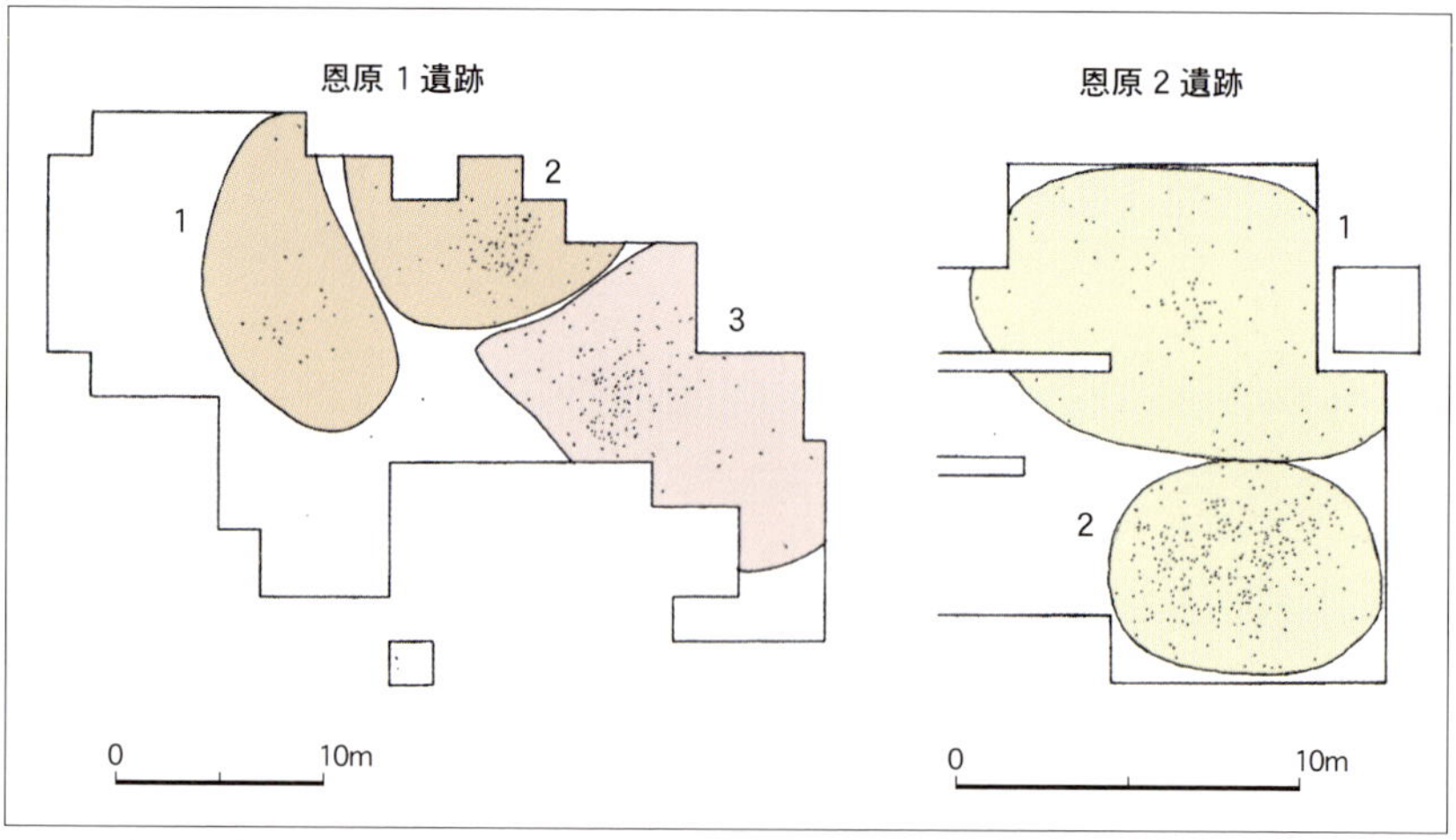

図 49 ● 恩原 1・2 遺跡 M 文化層の石器分布
恩原 2 遺跡では北側の生活域と南側のアトリエが一体となった 1 集団の集落であったが、恩原 1 遺跡では西側と東側で 2 つの小集団が生活していた可能性がある。

の間か、あるいは恩原高原のどこかで、南西日本の円錐形細石刃石器群をもった人間と接触したことはほぼまちがいない。

なぜ、どのようにして湧別技法集団が在地集団の石器を入手したのかはわからない。いずれにしても新しい植民領域が形成される過程では、敵対的か友好的かはともかく、円錐形細石核石器群をもった在地集団との間でなんらかの接触があったことは十分想定しておかなければならない。

2　植民集団の生活跡

生活域とアトリエの構成は変わらない

恩原1・2遺跡のM文化層は植民集団が残したものだから、何か変わった暮らしぶりをしていたかというと、そんなことはない。石器はぜんぜんちがうのに、少なくとも生活の場の構成は拍子抜けするほど変わらない。

恩原2遺跡のM文化層は、南北二つの石器ブロックからなっていた（図49）。北側の第1ブロックでは、一一二点の石器類が一二×八メートルの範囲に、南側の第2ブロックでは三一五点の石器類が直径七メートルほどの範囲にまとまっていた。前者が大きく散漫な分布で、後者は狭く濃密といえる。

第1ブロックには瑪瑙・玉髄のほかに、頁岩一二五点と黒曜石一九点が含まれる（図50）。第

2ブロックには頁岩と黒曜石がなく、瑪瑙・玉髄の剝片・砕片の比率が約六五パーセントとたかい。

たぶん、頁岩や黒曜石を所持した集団はまず第1ブロックの場所へたどり着き、そこで所帯道具を荷ほどきしたのだろう。そして、所持してきたか、あるいは新たに採取しに行ってきた瑪瑙と玉髄をもって、生活域の南側第2ブロックで石器づくりをはじめた。細石刃関係の石器をつくるのがおもな目的だった。

そして第2ブロックで製作した石器類は、第1ブロックへ運ばれた。両ブロック間の石器接合資料が九組あって、このうち七組では第2ブロックに複数資料があり、第1ブロックには一点しかない。南側でつくられ、その一部が北側へ運ばれた可能性がたかいのである。しかも、たいてい大きい剝片が北側へ移動している。ちょっとした仕事のために南の製作場から大きめの剝片を選んでもちだしたのだろう。

図50 ●細石核の出土状態
恩原2遺跡M文化層第1ブロックから出土した頁岩製の細石核。

小さな集団単位

恩原1遺跡の場合は、三つの石器ブロックが東西にならび、西から順に第1、第2、第3ブロックと名づけた（図49）。中央の第2ブロックに配石がともなう（図51）。石器数を西から順にあげると、二六点、一〇六点、一六三点である。第1・第2ブロックの間では、石器が接合する。同時らしいので石器を合計すると一三二点。東端の第3ブロックの石器数に近くなる。そして、西二つと東端のブロックとの間には石器接合資料がない。また、細石刃関係を主とした石器製作を両方で同じようにおこないながら、石器石材では西二つのブロックでは玉髄が主体（八一パーセント）で、東端のブロックはむしろ瑪瑙（五二パーセント）のほうが多い。石材母岩類型の多くも、その分布が両者のいずれか一方にかたよる。

これらのことは、西二つと東端のブロックがかなり独立した性格をもっていたことを示す。両者にまたがって分布する母岩類型がいくらかあるから別時期とまではいえないかもしれないが、ともかく恩原1遺跡の第1・2ブロックと第3ブロックは、恩原2遺跡の集団にくらべればかなり小さな集団によってそれぞれのこされた可能性がある。

北東日本から山陰地方へどのくらいの規模で植民集団がやってきたのか。いまそれを具体的に考える手がかりはない。恩原に居住した植民集団は、植民直後の集団ではない。植民したあと、新しい領域のなかですでに回帰遊動をはじめていた集団の姿を示しているのである。

恩原2遺跡M文化層の場合、最初にひろく散漫な生活域を形

図51 ●細石刃文化期の配石
恩原1遺跡M文化層第2石器ブロックに含まれていた配石。

成し、やがてその一部で石器づくりをはじめた。これは恩原2遺跡R文化層や、恩原1遺跡O文化層・S文化層における在地集団の生活パターンとまったく同じだ。植民してきた集団も、在地化して時間がたてば在地集団になる。出自はともかく、植民前の故郷と同じように、また元からの在地集団と同じように、回帰遊動生活をしなければ暮らしていけないのである。

3 植民集団の遊動とあらたな植民

山陰・花仙山周辺の湧別技法集団

東北地方日本海側の植民集団は、いったん山陰地方へ住みついたのち、恩原高原へやってきた。石器石材の構成からは、そう読み取れる。

恩原より前に、隠岐の黒曜石産地と花仙山の瑪瑙・玉髄産地へはかならず寄っただろう。その地域で湧別技法細石刃石器群が発見されるはずだと予想していたところ、二〇〇〇年以降、島根県埋蔵文化財センターが道路建設にともなって花仙山周辺で発掘調査を実施し、四遺跡からあいついで関係資料が出土した。

杉谷《すぎたに》遺跡で玉髄製の削片《さくへん》二点と細石刃一点（図52）、宮ノ前《みやのまえ》遺跡で玉髄製の削片と細石刃が各一点、正源寺《しょうげんじ》遺跡で同じく玉髄製の細石核四点・細石核原形七点・細石刃二点・削片一二点がそれぞれ発見された。面白谷《おもじろだに》遺跡では、細石核と細石核原形各三点、削片二点のほか、荒屋型彫器・角二山型掻器各一点まで確認された。

ちょっと奇妙なのは、ほとんどの資料が古墳時代の玉作りの遺物と混在して発見されることだ。花仙山周辺は三瓶《さんべ》火山からはやや離れ、大山より西側に位置するため、まだ細石刃文化層を明白に区別できる堆積層が確認されていない。旧石器時代の資料が遺跡でどれだけ原位置を保っていたかは、これからの検討課題だ。

湧別技法細石刃石器群に属することが明瞭な石器類では、頁岩や黒曜石製の資料がみあたら

図52 ● 花仙山周辺の湧別技法関係石器と出土遺跡
玉髄・瑪瑙原産地である松江市花仙山の西麓丘陵上では、直径1kmほどの範囲内に湧別技法関係遺物を出土した杉谷遺跡（上）・宮ノ前遺跡・正源寺遺跡（下）・面白谷遺跡が集中する。杉谷遺跡の石器（中）は左2点が細石核削片、右が細石刃。杉谷遺跡は現在の山陰道宍道湖サービスエリアの位置にあった。

ない。どうやら近年、花仙山周辺で発見された湧別技法資料は、植民してきたばかりの初期の集団がのこしたものではないらしい。生活痕跡がはっきりしないとしても、ともかく花仙山周辺に湧別技法細石刃石器群をもつ集団がやってきたことはこれで証明された。

恩原1・2遺跡の玉髄・瑪瑙の入手先についても、ほぼ裏づけられたといってよい。花仙山周辺四遺跡の湧別技法細石刃石器群は、恩原1・2遺跡に居住したような、すでに回帰遊動のサイクルにのった植民集団が原石採取に訪れたさいにのこした石器類と考えればわかりやすい。

山陽への遊動

植民集団の血はあらそえない。山陰・中国山地での植民が落ちつくと、またぞろ血がさわぎだしたようだ。湧別技法集団は山陽側の瀬戸内地域へさかんに遊動し、新たな植民の機をうかがっていたらしい。瀬戸内地域への遊動の証拠は、つぎのようなものである。

大阪府羽曳野《はびきの》市の誉田白鳥《こんだはくちょう》遺跡からは玉髄製の削片が、兵庫県加古川市の南大塚《みなみおおつか》古墳の墳丘崩壊土からは黒曜石製の削片がそれぞれ一点出土した。木葉形の原形から船体形の細石核をつくりだすために剝ぎとった、あの湧別技法に特有な削片である。この種の削片は、本来、石屑なのだが、厚く細長いので使い勝手がよいらしく、しばしば別の用途に再利用される。問題の二点は、細石核に転用されていた。

瀬戸内の石器文化では、旧石器時代から弥生時代まで、ずっとサヌカイトが主役だった。誉田白鳥遺跡のすぐ近くには原産地の二上山《にじょうざん》がある。南大塚古墳の付近にも、サヌカイトかせいぜいチャートの石器しかない。サヌカイトは風化すると、表面がざらついて灰色になる。つややかな黄土色の、あるいは漆黒の石器はいやがうえにも目立つ。珍品だが、それ以上のものである。

恩原遺跡群に湧別技法集団の居住したことが判明してみれば、これらが隠岐の黒曜石であり花仙山の玉髄であることをただちにさとり、それらが山陰・中国山地から瀬戸内へ遊動してきた証拠であることをみぬくのはそうむずかしいことではない。

新たな植民か

山口県宇部《うべ》台地の川津《かわづ》遺跡では、湧別技法でつくられた細石核の原形が発見された（図53上）。玉髄製である。木葉形の原形から削片をとって甲板面をつくったけれども、まだ細石刃を剝離していない。こんな形でも、石材がもち運ばれたのである。石器づくりの材料が途中で枯渇しないよう、山陰・中国山地の集団があらかじめ予備として半製品を携帯していたのだろう。回帰遊動の旅であったことが知れる。残念ながら、地表採集なので遺跡のくわしい状況はわからない。

宇部台地は、南西日本に一般的な円錐形・角柱形の細石核がとくに多く発見されるところとして著名である。地元の研究者・愛好家が溜池の岸辺などを丹念に歩き、豊富な資料を採集しているのだ。川津遺跡の資料もそんななかの一点だった。湧別技法集団が宇部台地へやってきたとき、円錐形細石核をもった集団がいくらか住んでいたかもしれない。いまのところ、湧別技法集団が遊動した西端はここまでである。

湧別技法集団が山陰・中国山地から山陽へ遊動した理由の一つには、その地域の石器石材産地を探る目的があったらしい。備讃瀬戸の香川県羽佐島《わさじま》遺跡では、湧別技法関係細石核・削片などが少なくとも八点出土した（図53下）。すべてサヌカイト製なのである。どうやら湧別技法集団の一部は瀬戸内へ住みついた可能性もあるのだ。

二上山サヌカイト産地の大阪府新池《しんいけ》遺跡や、広島・島根・山口県境の冠高原安山岩原産地にある冠遺跡群でも、その地の石材でつくった湧別技法関係石器が断片的ながら発見されている。偶然とはいいきれない。あらたな植民の動向を示したものと理解したいが、ただ、その目的がどの程度達成されたかについては、いま語るべき資料をもたない。少なくとも縄文時代草創期には、中・四国地方のどこにも湧別技法の痕跡がのこらないのである。

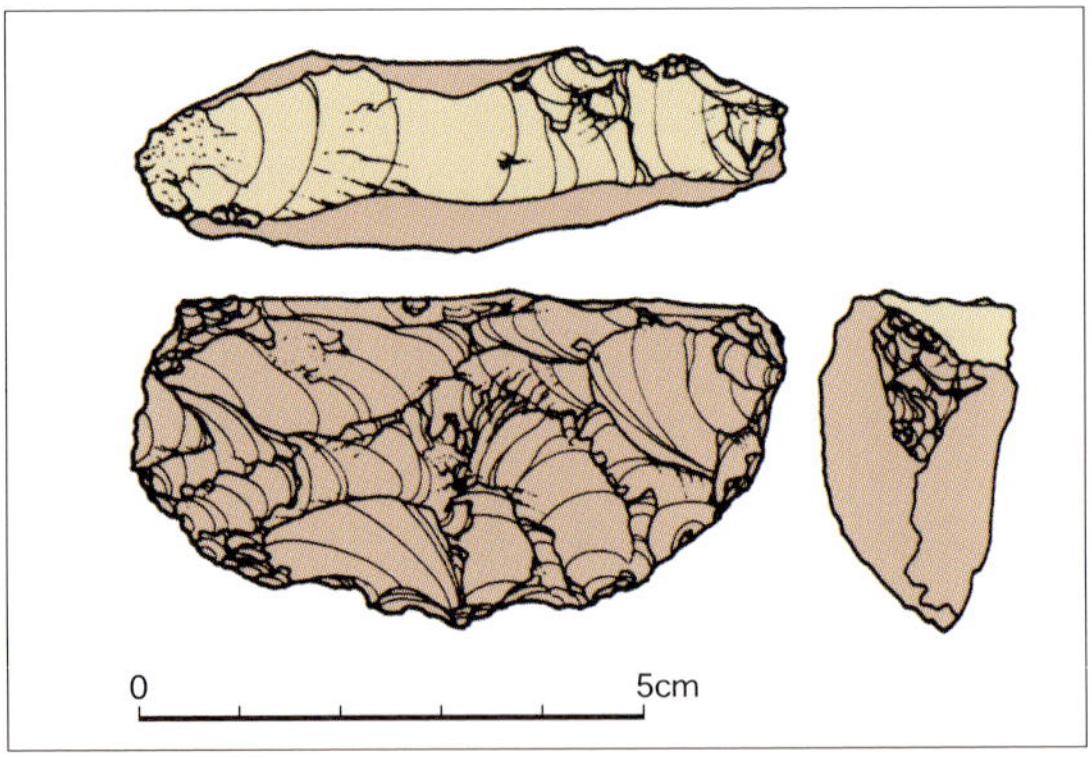

図 53 ● **瀬戸内地域の湧別技法関係石器**
山口県川津遺跡の細石核原形（上）は玉髄製、香川県羽佐島遺跡の細石核（下写真の左下）と細石核削片（他 3 点）はサヌカイト製。

第5章　人類史のなかの旧石器人

1　道具づくりは人間づくり

移動生活と石器

旧石器人はよく動く。日常的な遊動であれ、ときとして企てられる植民であれ、相当な距離を移動した。恩原に居住した旧石器人たちの生活を概観してまず気がつくのはこの点だ。

彼らの移動範囲を山陰から山陽までとしよう。要した時間や道のりの険しさを無視して移動の距離だけからみると、交通網の発達した現代社会の平均的なサラリーマンの通勤圏よりはずっと大きい。ちょっとした出張や週末の家族旅行で出かける範囲におおむね対応しそうである。近世までの稲作社会では、一つの谷や盆地あるいは海岸にへばりつく小さな平野のなかでたいていの暮らしが完結していたのだから、旧石器時代の生活圏は歴史的にはとびぬけた大きさだったといえる。

日常的な移動生活と行動範囲の大きさに応じ、旧石器人がもっていた財産は動産が主であった。つまりもち運びのできる道具類である。動物の皮や骨、さまざまな植物質材料でつくった衣服や道具類があったのだろうが、これら有機質の所持品は酸性のつよい火山灰土壌に埋もれ、ほとんど消えてしまった。

遺跡にのこったのは石器類だ。石器類は石の硬さゆえに、たまたま保存良好であったにすぎない。とはいえ、石器は道具をつくるための道具として、いわば道具仲間のリーダーであった。中心となる道具がのこったことは、むしろ幸運といってよい。実際、恩原旧石器人の移動ルートを決定した半ばの理由は、石器石材の原産地をめぐることにあったのだ。

器官をモノにおきかえる

道具の製作と使用は、言語の使用とともに、人間が人間となるための不可欠な要素だった。動物行動学者は類人猿などにも道具づくりがみられることを強調するけれども、それらと石器製作以後の道具とは質が違いすぎる。道具を常時携帯した哺乳動物をわたしは知らないし、人類史の初期をのぞけば、道具をもたない人間集団はほとんどいない。

図 54 ● 石器は手の延長
礫の一端を打ち欠いた礫器（右端）や西洋梨形の握斧（中央）はゲンコツの、剝片石器は指や爪の延長。

石器というのは、腕や指、爪の機能を助長するような形につくった石の道具である（図54）。人間の器官の延長にあるわけだから、本来、人体とは一連のものだ。ある用途にあわせて器官そのものを変形させてしまえば、動物と同じように器官の特殊化が進んで種の分化にいたる。身体と一連でありながら、モノに置き換えて多様な用途の道具をつくりだしたところに、人間の人間たるゆえんがあった。人類史のなかにおける旧石器時代のもっとも重要な意義が、道具をつくりはじめたことにあることは明白だ。

旧石器時代の不動産

土地につくりつけた財産、つまり不動産の場合はどうだろうか。恩原1遺跡で不動産といえるのは、R文化層の石組炉だけだった。恩原のみならず、旧石器時代の日本列島には住居とか貯蔵穴といった不動産がきわめて少ない。世界のたいていのところでも、不動産の

図55 ● **落し穴は不動産**
旧石器時代の落し穴は上端の開口部がラッパ状に開くのが特徴。蟻地獄のようだ。静岡県箱根西麓・愛鷹南麓の落し穴はしばしば尾根を横断するように列をなし（上：初音ヶ原遺跡）、鹿児島県種子島の落し穴は谷頭に集中する（下：大津保畑遺跡）。

種類と数が増えるのは新石器時代に入ってからのことだ。

ただ、静岡県箱根・愛鷹《あしたか》山麓や九州の種子島などでは、三万年前にさかのぼる古さの落し穴が発見されている（図55）。旧石器時代の落し穴は、世界的にも希有な例だ。

旧石器時代だから、また遊動社会だからといって、不動産がないわけではない。しかし同時に、不動産のあることが文化の進歩かというと、そうとばかりもいえない。ウサギは巣穴を掘り、ビーバーは大きなダムをつくって巣とする。不動産をつくるのは人間固有の特徴ではなく、動物世界からうけついだ能力だ。必要な環境に置かれれば、つくる。日本列島の旧石器人が竪穴住居をつくらなかったのは、類人猿と同じく、とくに必要としていなかったからだろう（もちろん移動式のテントぐらいはもっていたはずだ）。獲物を捕るために、落し穴はつくった。蟻地獄に似せたのかどうか、口をラッパ状に開いた形に仕上げたところが傑作だ。生きるため、つまり食物の獲得と生殖のためなら、動物でも人間でも、ときとして立派な不動産をつくった。

2　社会はモノの姿を必要とする

不動産は社会を映す

同じ不動産であっても、個人（個体）が生きるための不動産と個人間の関係、つまり社会を反映した不動産とでは、ちょっと性格が異なる。縄文時代の環状集落、弥生時代の環壕集落、古墳時代の豪族居館、古代の都城等々は、いずれも時代を象徴する施設であった（図56）。と

◀図 56 ●集落から都市へ
社会関係の変化は、各時代における集落や都市の形・大きさに端的にあらわれた。a：旧石器時代の環状ブロック群（約 3 万年前、栃木県上林遺跡）、b：縄文時代の環状集落（約 3500 年前、青森県風張 1 遺跡）、c：弥生時代の環壕集落（約 2050 年前、大阪府池上曽根遺跡）、d：古墳時代の集落（約 1550 年前、奈良県南郷遺跡群）、e：古代の都城（約 1300 年前、奈良県藤原京）。

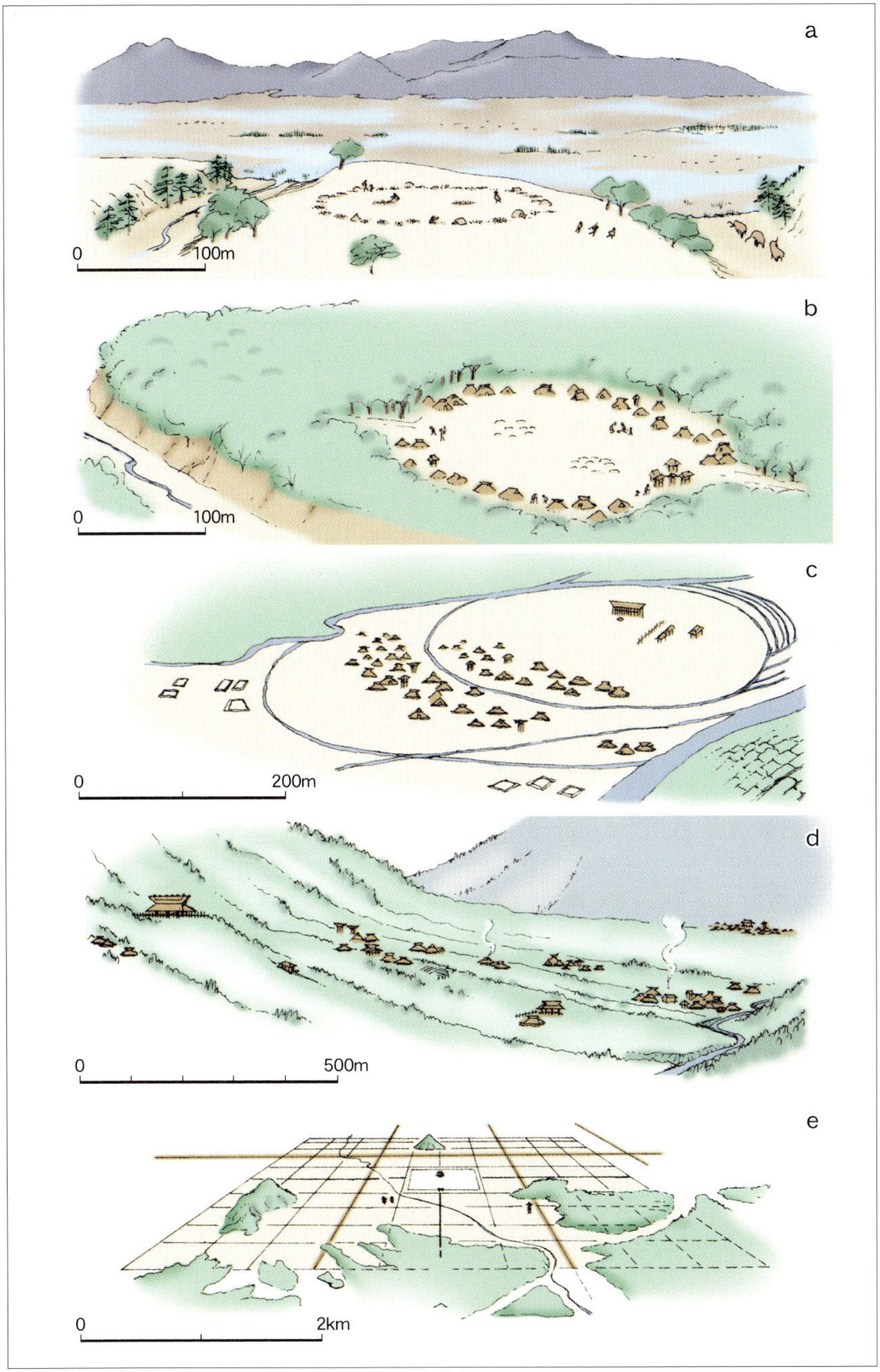
a
0
100m
b
0
100m
c
0
200m
d
0
500m
e
0
2km

りわけ時代の社会関係を端的にあらわした。土地につくりつけられた不動産は、土地の占有・所有など個人や集団間の利害がからむためだろう、社会関係を鋭敏に反映した。この種の不動産の役割は、人類史において時代が新しくなるにつれてますます大きくなったのである。では、不動産の乏しい旧石器時代では社会関係をたどることが不可能なのだろうか。

そこで登場するのが、第2章で述べた行動軌跡である。もう一度その定義をくりかえすと、「土地に意図的につくりつけた施設ではないが、人間行動の結果として遺物や自然石など生活の場で特有の形態をあらわすもの」となる。従来の考古学では考古資料を遺構と遺物の二つに分けるのだが、わたしはこの二つを結びつける第三の考古学的な証拠として行動軌跡を提唱してみた。

そもそも旧石器時代に未発達な考古資料である遺構（＝不動産）をもって、旧石器時代の意味を探ろうとするのが無理なのだ。旧石器時代の歴史的な意義は、旧石器時代にもっとも普遍的な証拠によってこそ評価すべきだろう。

環状集落の先駆

第2章では、恩原1遺跡R文化層において石器ブロック、焚き火跡、砂礫堆、石器・礫接合資料等を分析した結果、R下層文化層で二つの環状集落、R上層文化層で一つの楕円形環状集落、つまり行動軌跡で構成される合計三つの環状集落を復原した。これらをふくめ、旧石器時代の環状ブロック群が縄文環状集落の先駆形態になるのではないかと推定したのである。構成員が対等な資格で円陣を組んで居住する、という点で両者は共通するからだ。縄文環状集落の社会的な側面はすでに旧石器時代に実現していたのではないか、と問いかけたいのである。

普通、縄文時代集落の推移については、縄文時代草創期に竪穴住居が一般化し、早期に集落規模が拡大し、前期にいたって住居・墓・貯蔵穴等の同心円配列をもつ環状集落が発達した、というふうに遺構が段階的に拡充していく過程として語られることが多い。わたしの場合、構成員の環状配列という社会的側面については、遺構の拡充の結果として生まれたのではなく、旧石器時代環状ブロック群以来の断続的な再発現という意味合いがつよいだろうということになる。

環状配列のおもな構成要素は、一般的な環状ブロック群では石器ブロックであった。恩原１遺跡Ｒ下層文化層段階では砂礫堆と石器類が、同遺跡Ｒ上層文化層段階では焚き火跡（灰色土と炭化物集中）と石器類がそれぞれ主な構成要素であった。縄文環状集落ではもちろん建物遺構・墓などである。構成要素は時代と地域により、変化する。環状という集落の配列原理とその構成要素とが一体のものでないことは、恩原１遺跡の調査でいっそう明らかになった。

社会はモノの姿を必要とする

環状配列の集落ができるのは、人間集団が環を描いて暮らしていた結果であろう。配列の原理自体は、人間の社会関係の反映といってよい。社会というのは人間どうしの関係のことだから、もともとモノとしての姿・形をもたない。他方、その構成要素の歴史的な推移は、旧石器時代の行動軌跡から縄文時代の不動産へという変化をたどった。行動軌跡は、石器類のような動産あるいは砂礫のような自然物の移動軌跡として土地に形がのこされたにすぎず、それ自体が固有のモノ（不動産）であるわけではない。

縄文環状集落は、家屋という明白なモノ（不動産）から成り立っている。つまり、環状集落の歴史は、本来モノとしての形をもたない社会構成原理が、まず行動軌跡として地面に痕跡をのこし、ついで不動産として地上で固有のモノの姿をとるようになった過程として理解できる。社会を透明人間にたとえてみれば、透明人間はまず地面に人影だけをおとし、ついで衣服や靴・帽子をまとって人間らしい立ち姿をあらわした、ということになる。

社会関係が、なぜモノとしての姿を必要とするのか。それは、モノが客観的な存在であるからだ。社会関係は消えても、モノはのこる。社会関係が純粋に人間と人間との関係であるあいだは、人間の合意だけでことがすむ。関係を続けるなり、解消するなり、変化させるなりは自由だ。

しかし、社会関係がいったんモノの姿に置き換えられてしまえば、そうはいかない。環状の建物配置があれば、人間の行動はおのずから環にそった行動とならざるをえない。モノは個々人の行動を規制して、人間とは別個の社会的な力になる。しかも永続的だし、相手をえらばない。身内であろうと他人であろうと、同じ効果を発揮する。血縁・地縁の狭い枠組みをこえてより大きな社会関係を結ぶには、人間と人間との間にモノを介在させることが有益だし、また不可欠なのである。

人間とモノとの関係をみなおす

旧石器時代の人間は、道具づくりを通じ、個体としての人間をモノの世界へ拡張する第一歩をあゆみはじめた。しかし、社会としての人間を物質化するまでには至らなかったようだ。とはいえ旧石器人の行動軌跡をたどってみれば、たとえば集落形態では縄文時代になって地上に姿をあらわす配列原理が、すでに後期旧石器時代の初頭から胚胎しつつあったことを知りうる。

文化というものの歴史的な発展は、人間のもつさまざまな資質や能力やエネルギーを目にみえるかたちでモノに表現することで成しとげられた面が大きい。文化はモノだけではないが、モノとしての文化がなければおそろしく貧しい文化になってしまう。モノにあふれ、モノが人間を支配しているかのようにみえる現代社会が、人類五〇〇万年の歴史が求めてきた理想であるかどうかは別問題だ。その当否を含め、人間とモノとの関係をみつめなおすには、あらためて歴史の根源にさかのぼってみることが大切だと思う。

図57●冬の恩原高原

参考文献

稲田孝司　一九八九「岡山県恩原遺跡AT直下層の石組炉と砂礫堆」『日本考古学協会第五五回総会研究発表要旨』日本考古学協会、八―一一頁
稲田孝司　一九九〇「日本海南西沿岸地域の旧石器文化」『第四紀研究』二九―三、二四五―二五五頁
稲田孝司編　一九九六『恩原2遺跡』岡山大学文学部考古学研究室
稲田孝司　一九九六「恩原2遺跡発掘調査成果の総括―恩原に居住した旧石器時代回帰遊動集団と植民集団―」『恩原2遺跡』岡山大学文学部考古学研究室、一八二―二三五頁
稲田孝司　二〇〇一『先史日本を復元する1　遊動する旧石器人』岩波書店
稲田孝司　二〇〇八「先史―古代の集落・都市と集団関係」『考古学研究』五五―三、二八―四三頁
稲田孝司編　二〇〇九『恩原1遺跡』恩原遺跡発掘調査団
稲田孝司　二〇〇九a「恩原1遺跡R文化層の上下層細分」『恩原1遺跡』恩原遺跡発掘調査団、二九七―三二四頁
稲田孝司　二〇〇九b「恩原1遺跡R文化層の砂礫堆」『恩原1遺跡』恩原遺跡発掘調査団、三二五―三二九頁
稲田孝司・絹川一徳・光石鳴巳　一九九二「西日本の湧別技法」『岡山大学文学部紀要』一八、八七―九四頁
勝部智明　二〇〇六「宮ノ前遺跡」『県道浜乃木湯町線（湯町工区）建設に伴う埋蔵文化財発掘調査報告書』（第一分冊）一二一―二〇六・二四七―二四八頁
群馬県埋蔵文化財調査事業団編・発行　一九八六『下触牛伏遺跡』
佐野市教育委員会事務局文化課編・発行　二〇〇四『上林遺跡』
下澤公明　一九九五「蒜山地域の調査」『中国横断自動車道建設に伴う発掘調査』二、九―一四九頁

下瀬洋一・藤野次史　一九九四「山口県宇部市川津遺跡採集の細石核」『旧石器考古学』四八、七五―八二頁

戸沢充則　一九六八「埼玉県砂川遺跡の石器文化」『考古学集刊』四―一、七三―一一八頁

長野県教育委員会編　二〇〇〇『上信越自動車道埋蔵文化財発掘調査報告書15』

錦田剛志　二〇〇一「杉谷遺跡」『茂芳目遺跡・布志名遺跡・大堤Ⅱ遺跡・大堤Ⅰ遺跡・樅ノ木古墳群・真野谷遺跡・杉谷遺跡・室山遺跡』一四三―二〇九頁

馬路晃祥　二〇〇九「R文化層石刃石器群における石器石材の消費と維持」『恩原1遺跡』恩原遺跡発掘調査団、三二〇―三二八頁

三浦知徳　二〇〇九「恩原1遺跡O文化層」『恩原1遺跡』恩原遺跡発掘調査団、一五七―一九一頁

柳浦俊一　二〇〇六a「正源寺遺跡」『県道浜乃木湯町線（湯町工区）建設に伴う埋蔵文化財発掘調査報告書』（第一分冊）三〇九―三四二・三四四―三四六頁

柳浦俊一　二〇〇六b「面白谷遺跡」『県道浜乃木湯町線（湯町工区）建設に伴う埋蔵文化財発掘調査報告書』（第二分冊）一―一五〇・二一七―二二二頁

Leroi-Gourhan, André et Brézillon, Michel. 1966. *L'habitation magdalénienne No 1 de Pincevent près Montereau (Seine-et-Marne). Gallia préhistoire* Tome 9. CNRS, Paris.

Leroi-Gourhan, André et Brézillon, Michel. 1972. *Fouilles de Pincevent, Essai d'analyse éthnographique d'un habitat magdalénien.* CNRS, Paris.

刊行にあたって

「遺跡には感動がある」。これが本企画のキーワードです。

あらためていうまでもなく、専門の研究者にとっては遺跡の発掘こそ考古学の基礎をなす基本的な手段です。また、はじめて考古学を学ぶ若い学生や一般の人びとにとって「遺跡は教室」です。

日本考古学では、もうかなり長期間にわたって、発掘・発見ブームが続いています。そして、毎年厖大な数の発掘調査報告書が、主として開発のための事前発掘を担当する埋蔵文化財行政機関や地方自治体などによって刊行されています。そこには専門研究者でさえ完全には把握できないほどの情報や記録が満ちあふれています。しかし、その遺跡の発掘によってどんな学問的成果が得られたのか、その遺跡やそこから出た文化財が古い時代の歴史を知るためにいかなる意義をもつのかなどといった点を、莫大な記述・記録の中から読みとることははなはだ困難です。ましてや、考古学に関心をもつ一般の社会人にとっては、刊行部数が少なく、数があっても高価なその報告書を手にすることすら、ほとんど困難といってよい状況です。

いま日本考古学は過多ともいえる資料と情報量の中で、考古学とはどんな学問か、また遺跡の発掘から何を求め、何を明らかにすべきかといった「哲学」と「指針」が必要な時期にいたっていると認識します。

本企画は「遺跡には感動がある」をキーワードとして、発掘の原点から考古学の本質を問い続ける試みとして、日本考古学が存続する限り、永く継続すべき企画と決意しています。いまや、考古学にすべての人びとの感動を引きつけることが、日本考古学の存立基盤を固めるために、欠かせない努力目標の一つです。必ずや研究者のみならず、多くの市民の共感をいただけるものと信じて疑いません。

監　修　戸沢　充則

編集委員　勅使河原彰　小野　昭
小野　正敏　石川日出志
小澤　毅　佐々木憲一

著者紹介

稲田孝司（いなだ・たかし）

1943年大阪府生まれ
明治大学文学部史学地理学科卒業
岡山大学名誉教授　文学博士
主な著作『遊動する旧石器人』（岩波書店）、『旧石器人の生活と集団』（編著、講談社）、「縄文文化の形成」（岩波講座日本考古学6『変化と画期』）、「遺跡の保護」（岩波講座日本考古学7『現代と考古学』）ほか

写真・図版出典

図2下：国土地理院20万分の1地勢図「鳥取・松江・姫路・高梁」（一部改変）
図21上・40下・45：稲田孝司編1988『古代史復原1　旧石器人の生活と集団』講談社
図29：谷口康浩2005『環状集落と縄文社会構造』学生社（一部改変）
図30：佐野市教育委員会事務局文化課編2004『上林遺跡』、群馬県埋蔵文化財調査事業団編1986『下触牛伏遺跡』、長野県教育委員会編2000『上信越自動車道埋蔵文化財発掘調査報告書15』、岡山県教育委員会編1995『中国横断自動車道建設に伴う発掘調査』2（各図一部改変）
図44右：蒜山・下長田遺跡の発掘調査実施は岡山県古代吉備文化財センター
図48：稲田孝司編2001『先史日本を復原する1　遊動する旧石器人』岩波書店
図52：杉谷遺跡の石器の保管と正源寺遺跡発掘調査実施は島根県埋蔵文化財調査センター
図53上：下瀬・藤野1994掲載図（一部改変）、同下：石器保管は香川県埋蔵文化財調査センター
図55上：三島市教育委員会編1999『初音ヶ原遺跡』
図55下：鹿児島県立埋蔵文化財センター編2009『大津保畑遺跡・小園遺跡』

上記以外は著者

シリーズ「遺跡を学ぶ」065

旧石器人の遊動と植民・恩原《おんばら》遺跡群

2010年2月25日　第1版第1刷発行

著　者＝稲田孝司

発行者＝株式会社 新 泉 社
東京都文京区本郷2−5−12
振替・00170−4−160936番　TEL03(3815)1662／FAX03(3815)1422
印刷／萩原印刷　製本／榎本製本

ISBN978−4−7877−1035−2　C1021